댄싱 다연 지음

차례

프롤로그   8

1장
인생 1막

사라진 골목대장	13
달동네의 초년생	18
물리 치료사가 육체노동자이던 시절	24
미지근한 인생	28
나이 들면 뭐 먹고 살지	34
오십에 만든 복근	40

2장
인생 2막 1장

셔플, 잠자던 흥분 세포를 깨우다	53
오십, 나는 아직 녹슬지 않았다	60
정신이 나가야만 가슴의 메아리가 들린다	67
환장의 독학 타임	74
춤꾼? 치료사? 아줌마의 커밍아웃	82
발레 강수진, 피겨 김연아, 셔플에는 고다연	90
춤에 빠진 중년들의 고충	96
제대로 도전하려면 새벽을 깨워	103
살던 대로 살면 재미가 없잖아	110
인공관절이 웬 말이냐	119
자기 감옥에서 벗어나는 '된다!' 주문	126
몸치라서 공연을 하게 된 이상한 콘셉트	137
내가 원하는 '나'를 만날 용기	144
춤바람이 아니라 인생의 봄바람	151

3장

인생 2막 2장

오십, 나를 꿈꾸게 하는 일을 하고 있는가	161
중년의 도전, 가족의 지지와 응원의 힘	170
가진 게 없어도 행복할 수 있는 이유	176
흥이 나야 인생이 가볍다	182
부족함이 오히려 기회를 만든다	189
도전만이 또 다른 도전을 부른다	194
애초에 버킷리스트가 존재해야 이룰 맛이 나지	205
내 인생의 기적은 내가 만든다	210
불행은 마음의 가난에서 올 뿐	216
나는 '나'를 넘어 '우리'에게 중요한 일을 하고 있는가	223
행복의 빛깔은 무지개만큼 다양하다	228
중년에 필요한 건 가장 나다운 인생	238
쉰여덟의 버킷리스트	245

에필로그   253

중년의 여인 1 나 크롭티 입고 무대에 못 올라가요. 뱃살 삐져나와요. 차라리 죽음을 달라.
댄싱 다연 뭔 소리야! 매일 런닝맨으로 노래 두 곡만 뛰어 봐. 나처럼 복근이 쫙쫙 생길걸.

중년의 여인 2 몸치인데 무대에서 춤을 춰요? 나 못해요. 민폐 끼치기 싫어요.
댄싱 다연 뭔 소리야! 몸치가 민폐가 아니라 희망이 되면 감동이지. 그게 우리 콘셉트라고.

중년의 여인 3 페루에 가서 현지 아이들과 〈아파트〉에 맞춰 춤을 췄다고? 윤수일의 아파트?
댄싱 다연 뭔 소리야! 윤수일이 언제 적이야. 로제와 브루노 마스가 부른 〈아파트〉가 빌보드에서 한창 뜨거운데 모른다고?

댄싱 다연 어머니 문워크 춤 보여드릴게요. 짠, 멋있죠?
시어머니 그런 것도 춤이냐? 방바닥은 걸레로 빡빡 닦아야지. 왜 발로 문대고 그랴?

친정어머니 춤 그만 추고 남편 월급으로 아껴가면서 살아. 김 서방 좀 잘 챙기고.
남편 어머니, 절대 그런 말씀 마세요. 이 사람이 저 용돈 챙겨준단 말이에요.

프롤로그

사십 대까지 내 인생은 미지근했다. 영화로 치면 뻔한 레퍼토리였다. 돈 벌려고 일하고, 결혼해 아이 낳고. 그러다 오십 대에 '셔플댄스'를 추면서 삶에 뜨거운 바람이 불더니 색다른 이야기가 펼쳐지기 시작했다. 늦바람이 무섭다더니 어쩌다 시작된 '춤바람'은 삶을 발칵 뒤집어 놓았다. 평생 물리 치료실 '실장님'으로 살다가 적당히 퇴직했을, 결말이 뻔한 인생에 짜릿한 반전이었다. 셔플언니로 댄싱 다연으로, 사업가로, 지구촌을 돌며 춤추는 동기부여가로. 나는 삶에 느낌표를 연달아 찍으며 치고 올라갔다.

이 모든 변화는 정확히 한 셔플러의 춤 영상에서 비롯되었다. '오, 내가 어릴 때 추고 싶었던 춤이잖아!' 심장이 먼저 반응했고 그후론 가슴이 이끄는 대로 무작정 한 걸음 나아갔다. '되네! 된다!' 셔플댄스를 추면 출수록, 무겁고 불투명했던 중년의 삶이 경쾌한 리듬의 신나는 인생으로 변주되기 시작했다. 콧노래를 흥얼거리고 어깨가 들썩이고 흥건하게 땀나는 일상에는 갱년기나 무기력이 스며들 틈이 없었다. 그날, 한 셔플러의 영상을 본 그날, 나이 운운하며 주책맞다고 스스로를 다그쳤다면 어떻게 됐을까? 발동하는 흥미에 무감해질수록 사람은 늙수그레해지고 인생은 뻔하기 짝이 없어진다.

셔플 댄스를 추고 나서야 나는 '나'로서 쑥쑥 자라났다. 그리고 오십부터 뜨거워진 신중년의 땀과 눈물과 웃음이 범벅된 도전기를 써내려가기 시작했다. 주변의 만류가 늘 뒷덜미를 잡았다.

"그걸 지금 왜 하려고 해요?"

"돈이 되나요?"

"이제 와서 퇴사를 한다고요?"

남들이 '왜요?' 물음표를 들이밀 때 나는 '이거구나!', '재밌다!', '못 할 것도 없지!' 느낌표를 앞세웠다. 천진한 아이처럼 춤추는 인생에 뛰어들수록 인생은 단순해지고 흥미로워졌다. 나는 드디어 '나'를 찾았고, '나'를 넘어서는 더 큰 '나'를 지금도 마주하는 중이다.

중년들도 자기만의 느낌표를 따라 스텝을 밟아가길 희망한다. 남이 보기에 아무리 작은 보폭이든 볼품없는 스텝이든 느낌표를 두 손에 햇불처럼 쥐고 나아가길 바란다. 인생 2막은 언제 시작될지 모른다. 커피를 마시다가도, 책을 읽다가도, 혹은 양치를 하다가도 문득 다가올지 모른다. 그 짜릿한 순간에 일어날 스파크를 이제 당신에게 전하려 한다.
신중년이여, 진짜 인생은 이제부터다!

1장

인생 1막

사라진
골목대장

어릴 적 내 별명은 '불타는 고구마'였다. 성이 '고'씨라서. 게다가 피부도 까맣고 아침부터 저녁까지 얼굴이 벌겋게 익도록 싸돌아다녀서 생긴 별명이다. 정말이지 해 질 녘에는 정수리에서 김이 모락모락 날 정도였다. 사시사철 햇빛을 온몸으로 받으며 동네 골목을 휘젓고 다녔다. 특히 소독차가 연기를 콸콸 쏟아내며 지나가는 날이면 차 꽁무니를 따라 신나게 내달렸다. 콜록콜록 연거푸 기침을 하면서도 차가 멀어질 때까지 깔깔거리며 달렸다.

그때는 70년대 후반이었다. 아침 6시가 되면 새마을 청소차가 노래를 틀고 동네 곳곳을 쩌렁쩌렁 울리며 돌아다녔다.

"새벽종이 울렸네. 새 아침이 밝았네. 너도나도 일어나 새마을을 가꾸세."

노래가 끝나면 가사대로 너도나도 일어났다. 꼭두새벽에 빗자루를 들고 나가 자기 집 앞마당과 동네 청소를 하며 하루를 열었다. 온 동네가 아침부터 들썩였다.

골목은 비포장도로였다. 흙길에 울퉁불퉁한 돌들이 있어 발에 걸렸고 특히나 동네 어르신들은 넘어질 위험이 있었다.

'여기 큰 돌이 걸리적거리니까 구석에 옮겨 놔야겠다.'

나는 나뭇잎만 한 조그만 손으로 얼굴처럼 넓적한 돌을 들어 아무개네 담벼락 밑에 두었다. 한참 하다 보면 동네 조무래기들이 한 명 두 명 따라붙었고 우리는 쪼르르 줄 맞춰 돌을 옮겼다. 그래봤자 얼마 안 됐지만 담 밑에 가지런히 늘어선 돌을 보고 서로 흐뭇해했다.

"아이고야, 아그들이 동네 청소를 싹 해놓고, 대견하네잉."

지나가던 동네 어르신들이 우릴 보고 씨익 웃었다.

나는 골목대장이긴 했지만, 덩치가 크거나 목소리가 우렁차진 않았다. 대체로 조용하다가 놀이만 시작되면 날쌔졌다. 한

마디로 소리 없이 강했다. 고무줄놀이를 할 때면 다리를 공중에 드높여서 '전우의 시체'를 넘고 넘어 앞으로 갔다. 팔씨름도 곧잘 이겨서 여러 명을 무너뜨렸다. 그런데다가 동네에서 눈에 뜨일 만한 큰집에 사는지라 아이들 사이에서 자연스레 우두머리가 됐다.

아빠는 사장님이고, 엄마는 사모님이었다. 방과 후 집에 오면 모든 게 반질반질 윤이 났다. 안방에는 열두자 자개농이 있었고, 농에 그려진 거북이와 사슴과 공작새를 비롯한 만물이 햇볕을 받아 푸르스레 빛났다. 엄마는 고대기로 둥글게 손질한 머리에 고운 한복 차림이었다. 하얀 천으로 자개농을 살살 문지르다가 "응, 막내 왔네." 하며 나를 맞이했다. 자개농 다음으로 기억에 남는 건 전축이었다. 아빠가 전축을 들여놓자 동네 사람들이 구경하러 왔고, 풍악에 취해 덩실덩실 춤을 추었다. 아빠 생신날에도 우리 집은 이웃들로 왁자했고 술과 음식으로 분위기가 흥건했다. 아빠의 사업은 점점 번창했다. 공장에는 직원이 늘어나기 시작했다. 공장을 확장하고 고사를 지낼 때면 나도 따라가 돼지머리 앞에 넙죽 엎드렸다.

"아, 사장님네 막내딸인가 보네."

누구네 집 자식으로 불리던 시절 나는 사장님네 막내딸로 불렀다. 사장님. 높은 위치에서 여러 명을 거느리는 우두머리. 나는 그런 사람의 딸이구나라는 생각에 어딜 가도 어깨가 펴졌다.

어느 날 이상한 일이 일어났다. 방과 후 현관을 여는데 엄마가 다급하게 나를 불렀다.

"다연아, 거기 우리 집 아니야. 이리 와."

엄마는 커다란 우리 집을 놔두고 아래채 허름한 부엌에서 고개를 내밀고 손짓했다. 태어날 때부터 이 집에서 몇 년을 살았는데 학교 마치고 오니 남의 집이 되다니. 나는 어리둥절한 상태로 엄마 손짓을 따라갔다. 아래채는 하나를 둘로 나눈 작은 방과 좁은 부엌이 전부였다. 엄마, 아빠, 오빠 둘에 언니, 나. 여섯 식구가 이 비좁은 곳에 끼어 산다고? 이상했지만 상황을 이해하지 못하는 건 아니었다.

"아휴! 이제 어쩌면 좋아."

"아, 그만 좀 해! 난들 지금 속이 편하겠느냐고."

얼마 전부터 부모님이 그릇을 깰 정도로 언성을 높이는 일이 잦아져 조마조마했다. 뭔가 터지겠구나 싶었다. 그렇다 해도 피난 가듯 부랴부랴 집을 옮길 줄은 몰랐다. 그것도 몸을 구겨 넣어 들어가야 할 것만 같은 아래채로 말이다. 아래채에 살던 이가 집을 사 안채로 들어가고 우리는 아래채로 내려왔다. 엄마는 어쩔 수 없는 사정이라고만 했다. 나는 한동안 적응이 되질 않아 하교 후 안채로 걸어 들어갔다가 후다닥 되돌아 나와야 했다.

그날 이후 집안 풍경이 달라졌다. 한숨 소리도 크게 들릴 만큼 집 안은 적막했다. 방바닥엔 그늘이 드리웠고 공기는 가라앉았다. 엄마는 뽀글뽀글한 머리에 펑퍼짐한 고무줄 바지 차림으로 한복 짓는 일을 익히다 나를 맞이했다. "다연이 왔구나." 허연 얼굴에 충혈된 눈이 나를 향하면 나는 입을 다물었다. 그러곤 방구석에 앉아 있거나 숙제를 했다. 때로 달갑지 않은 손님들이 집에 찾아오기도 했다.

"조금만 시간을 주시면 꼭 갚을게요."

엄마는 빚쟁이에게 빌었고 나는 문 뒤에 붙어서 그 소리를 엿들었다.

내가 잠들기 전에도, 이튿날 눈을 뜰 때도, 엄마는 고개를 숙인 채 아무 말 없이 바느질만 했다. 나는 점점 방구석으로 움츠러들었다. 창밖으로 아이들이 우르르 달리고 깔깔대는 소리가 들렸지만 더는 밖으로 나가지 않았다.

달동네의
초년생

온 식구가 집안을 일으키는 데 힘을 쏟아부었다. 고등학교를 마칠 무렵, 내 머릿속에는 당장 입에 풀칠하고 살 궁리로 가득했다. 그러던 어느 날 엄마가 옆집 언니 얘기를 꺼냈다.

"가가 전문대 물리치료학과를 다니는데, 졸업만 했다믄 병원에 물리 치료사로 자동 취직이 된단다."

물리 치료사라…. 생소한 직업이었다. '치료하는 일이니까 병원에서 근무하게 되겠지.' 뭣도 모르고 '자동 취직'에 이끌려 물리치료학과에 입학했다. 강의장에 멀뚱멀뚱 앉아 수업을 들었다. 뼈마디가 어떻고 근육이 어떻고 교수가 인체 해부도를 가리키며 열띠게 설명하는 동안 듣는 둥 마는 둥 했다.

의료 기관에서 실습을 받고 나서야 물리 치료사가 뭘 하는지 알게 됐다. 기기 대신 손으로 환부를 마사지하듯 풀었다. 수술 후 굳은 관절의 통증을 줄이고 회복시키는 법을 익혀야 했다. '으메, 힘들어 죽겠는디.' 몇 시간 손빨래한 사람처럼 어깨에 힘이 잔뜩 들어가면서 손마디가 뻐근하고 얼굴이 시뻘겋게 됐다.

대학 졸업을 앞두고 직업소개소에 이력서를 보냈다. 서울 소재 병원 두 곳에 물리 치료사 자리가 있으니 당장 짐 싸서 올라오란다.

"아니 면접도 안 보고 다짜고짜 서울로 가요잉?"

"에그, 무조건 된다니까. 그쪽 전공자가 워낙 없어서 돼요. 그냥 됩니다."

부랴부랴 짐을 싸서 서울행 기차에 몸을 실었다. 며칠 뒤 병원에서 일하게 됐고, 금호동 산꼭대기에 월세방을 얻었다. 스물한 살의 나는 달동네를 왜 달동네라 부르는지 그제야 이해했다. 방문을 열고 나가면 발아래로 별빛이 부서지는 듯한 도시의 야경이 펼쳐졌고, 머리 바로 위에 노란 달이 큼지막하게 자리했다. 방은 침침했고 달빛은 환했다. 방안에 혼자 있으면 서울의 낭만과 부산스러운 활기로부터 분리된 느낌이었다.

산꼭대기 방은 환한 달을 벗 삼아 그럭저럭 지낼 만했지만, 애로사항이 있었다. 화장실과 목욕실이 바깥에 자리한 데다가 여섯 집 공용이라 좀 그랬다. 문틈으로 발이 쓱 지나가거나 귀퉁이가 닳은 나무 칸막이가 들썩거리면 헛기침으로 놀란 가슴을 다독였다. 그뿐인가. 용변이 마려워 달려가면 화장실 칸이 차 있어서 애를 먹었다. 급해도 잠깐이니 꾹 참아 본다지만, 제대로 씻지 못한 몸으로 출근하는 건 영 곤란했다.

"어디서 고린내가 나지 않아?"

'오메 내 얘기 하는 거 아니여.' 누가 날 꼬집은 것처럼 뜨끔했다. 머리도 며칠 못 감아 가려웠다. 궁리 끝에 깜깜한 새벽 알몸에 천을 두르고 후다닥 샤워실로 달려갔다. 뚝딱 씻고 헹구고 버스에 몸을 실어 출근했다. 헤어드라이어가 없어서 겨울에도 모발을 자연 건조할 수밖에 없었는데, 병원에서 일하다 보면 어느 순간 머리카락이 말라서 자리 잡았다.

서울도 처음. 객지 생활도 처음. 환자를 상대하는 것도 처음. 낯선 세상에 혼자 툭 떨어진 느낌이었다. 치료로 북적이던 그 병원은 초짜가 감당하기엔 힘에 부치는 직장이었다. 어리

숙한 티가 나니, 어느 날부터 바보같이 할 거면 짐 싸서 내려가란 시선이 나를 쏘아대기 시작했다. '그럴 순 없지.' 죽이 되든, 밥이 되든 자리를 잡아 집에 돈을 보내야 했다. 하루에도 몇 번씩 등줄기에서 식은땀이 흘렀고 그러다 오기가 발동하기 시작했다. 선무당이 사람 잡는다고 지식과 원리 원칙을 내세우며 환자를 대했다.

"그거 아니고요. 제가 말한 치료법이 맞아요."

"내가 치료를 십 년간 받아서 더 잘 안다고요. 거, 보니까 신입인 거 같은데 아가씨 고향이 어디예요?"

"저 전북 익산에서 왔는데요. 왜요?"

나는 드세다는 전라도 촌년이었다. 서울깍쟁이한테 눌릴까 봐 고슴도치처럼 날을 세우기도 했다. '당신이 뭘 알아. 나처럼 전공했어? 물리 치료사 자격증 있어?' 따지고픈 마음이 치솟기도 했다. 그렇지만 나는 대체로 순한 시골 아가씨에 가까웠고, 몇 개월이 흐르자 병원 일에 무난히 적응해 갔다.

월급을 타면 집에 돈을 부치고 월세를 내고, 몇 끼를 먹다 보면 돈이 금세 나가 쩔쩔맸다. 다음 월급날이 되기 전까지 늘 돈에 쪼들렸다.

월급날을 며칠 앞둔 일요일이었다. 배에서 꼬르륵 소리가 요동치는데 방에는 먹을 게 하나도 없었다.

'다음날 출근하면 병원에 간식이 있으니 그때까지 참자.'

참자, 참자 할수록 허기가 올라왔다. 물이라도 한가득 마셔 배를 채웠는데, 갑자기 현기증이 일고 한발 뗄 힘조차 나질 않았다. '이러다 쓰러지는 거 아니여?' 방안에 걸린 옷가지를 다 뒤적이자 호주머니에서 오십 원짜리 동전 한 개가 나왔다. 허기진 짐승처럼 무작정 산길을 내려와 시장엘 갔고 멀리 찐빵집이 보였다. 하얗고 탱탱한 찐빵이 뿌연 연기를 뿜어내며 나를 유혹했다. 호주머니 속에서 오십 원짜리 동전을 손으로 만지작거렸다.

'아, 먹고 싶은데. 이걸로 찐빵을 살 수 있나?'

골목 귀퉁이에 숨어서 찐빵을 흠모하는 눈빛으로 바라봤다. 한 시간 가까이 어슬렁거렸는데, 마침 가게 아주머니가 찐빵을 채우려고 문을 열고 나왔다. 가까스로 용기를 내어 다가갔다.

"저… 찐빵 하나에 얼마예요?"

곤란한 얼굴로 묻자 아주머니는 왜 그러냐는 표정으로 나를 바라봤다.

"하… 하나도 팔아요? 제가 오십 원밖에 없어서요."

아주머니는 내 촉촉한 눈가와 푸석푸석한 피부, 손에 쥔 오십 원을 물끄러미 바라봤다.

"아이고, 그냥 달라고 하지. 그래서 그렇게 한참을 서성거리고 있었구만."

맘 놓고 먹으라며 종이 봉투에 찐빵 네 개를 담아 주었다.

"정말 고맙습니다. 내일 꼭 돈 갖다 드릴게요."

품에 안은 찐빵은 뜨끈뜨끈하고 몰캉몰캉했다. 나는 입에 찐빵을 베어 문 채 콧노래까지 부르며 산길을 올라왔다. 산꼭대기 내 방에서 흘러나오는 빛이 따뜻하게 보였다. 그날 밤 내 뱃속은 밀가루와 팥이 요란한 소리를 내며 들썩거렸다.

물리 치료사가
육체노동자이던 시절

어느덧 아내가 됐고 엄마가 됐다. 강산이 몇 번은 변했을 세월이지만 일상은 크게 달라진 게 없었다. 아이가 하나에서 둘이 됐고, 치료실 실장님으로 불린다는 것 빼고는.

아침 7시 반 식사

8시 아이들 학교 보내기

8시 30분 업무 시작

열 시간 서서 일하다 7시경 퇴근

밥 먹고 집안일… 뻗어버림

지금이야 주 5일 근무에 퇴근도 앞당겨졌다지만 옛날에는 공휴일이 있나 토요일이 있나, 기기도 없어 치료 부위를 일일이 손으로 풀어줘야 했다. 누르고 주무르고 꺾고 돌리고, 손을 무한 반복으로 움직였다. 가끔 100kg에 가까운 환자가 오면 심호흡부터 했다. 거구 한 명은 환자 대여섯 명을 한꺼번에 상대하는 것이나 다름없었다. 하지만 어쩌겠는가. 다리 하나가 내 몸통만 해도 생글생글 웃으며 여유로운 척했고 이마에서는 땀이 뚝뚝 떨어졌다. 종일 혹사한 몸으로 집안일까지 마치면 곧바로 기절했다.

근사한 표현으로 치료사지 실상은 육체노동자, 가정 상담사에 가까웠다. 서울과 달리 시골 병원에는 어제 오신 어르신이 오늘도 오고, 다음날도 왔다. 게다가 전날 보았던 흰 모시 상의에 꽃무늬 고무줄 바지까지 그대로 입고 오면, 어제로 돌아간 듯한 착각이 들었다. 나른한 오후 할 일은 없고 입은 심심하니 병원으로 마실 오는 거였다. 동네회관보다도 치료실 침대에 누워 허리를 뜨끈하게 지지는 게 더 좋기도 할 테니까. 게다가 시시콜콜한 얘기를 들어주는 가정 상담사까지 있으니까.

"에구구, 어제는 파김치 담그느라 죽는 줄 알았네. 허리가 끊어질 것 같고, 어깨가 빠져나가는 것 같어. 무릎은 걍 빠개질 것처럼 쑤시고. 파김치 담다가 내가 파김치가 되앗네."

나는 아픈 팔을 운동시켜 드리다 물었다.

"근데, 할머니가 담근 파김치 맛있나요?"

"어휴, 그걸 말이라고 햐. 이 동네서 나보담 파김치 오래 담근 사람 있으면 나와 보라고 혀. 우리집 영감이 파김치 땜시 집에 일찍 들어올 정도라니께."

대화는 일 방향 일장 연설로 흘러갔다. 다진 마늘이며 소금, 고춧가루는 몇 숟가락 넣어야 맛있다는 둥, 멸치 액젓을 절대 넣지 말라는 둥 쉬지 않고 이어졌다. 나는 이야기판을 깔아 놓고는 중간에 추임새만 넣을 뿐이었다.

"아, 그렇구나! 맛있겠네요."

맞장구치는 사이 치료가 끝나 버렸다. 어르신은 슬슬 일어나 집으로 돌아갔다.

이튿날 할머니는 후속편으로 장아찌 만드는 법을 (내가 원하지 않아도) 들려주었다. 손에는 파김치 한 통이 들려 있었다. 나 먹으라고 가져다주신 김치였다.

"아구, 시원하다. 다 나았네그려."

치료를 시작하지도 않았는데 다 나았다니. 어떤 날은 할머니 얼굴에 시커먼 먹구름이 잔뜩 꼈다. 잘못 건드렸다간 천둥이라도 내려칠 기세다. 그러면 나는 또 이야기판을 깔았다. 저번에 먹은 파김치가 끝내준다는 둥, 총각김치는 안 담그시냐는 둥. 그러던 와중에 옆 침대 할머니가 자기네 총각김치 겉절이가 끝내준다며 대화에 끼어들었다.

"그러세요? 정말 맛있어요? 비결이 뭐예요?"

또 일장 연설이 이어졌다. 인정받고 싶은 건 애나 어른이나 마찬가지였다. 내가 잘하는 걸 인정받거나 스스로 자랑스럽게 드러내면 통증을 날려 버릴 행복감이 몰려온다. 어르신들은 매일 밭두렁을 건너고 건너 진료실까지 왔다. 일은 고되었지만, 손맛 뽐내는 할머니들 덕에 제철 밑반찬을 두둑이 쟁여 놓고 맛보는 재미도 쏠쏠했다.

미지근한
인생

10시간 병원에 묶인 상태로 아이 둘을 키우면서 늘 애가 탔다. 겨울날 아침 폭설이 내렸다. 어린이집 차가 아이를 데리러 올 수 없었다. 택시도 잡히질 않았다. '어쩐담, 애를 혼자 집에 두고 갈 수도 없고. 그렇다고 애를 유치원에 데려다주면 지각인데.' 결국 아이를 데리고 출근했다.

"엄마 일하니까 가만히 있어야 해."

아이는 치료실 한구석에 순하게 앉아 있었지만, 일에 지장을 주니 보내라는 상사의 말에 떠밀려 아이를 택시에 태워 보냈다. 맞는 말인데도 어린애를 택시에 혼자 태워 보내자니 마음이 아렸다. 나는 병원에서 '워킹맘'이 아니라 '워킹맨'으로 일해왔다. 늘 회사 입장에서 생각한다고 했지만 그래도 고용인과 고용주는 달랐다. 그날 이후 아이들이 고열로 앓아도 직장에 아쉬운 소리 한 번 하지 않았다.

어느 날 유치원에서 전화가 왔다. 아이가 손을 다쳐서 몹시 아파하니 빨리 와서 병원에 데리고 가란다.

"제가 퇴근하고 가면 늦을까요?"

내 말에 유치원 선생님은 머뭇거리다 말을 이었다.

"지금 빨리 오세요."

"저 선생님, 제가 직장이라 바로는 못 가거든요. 많이 아픈가요?"

당장 달려가고팠지만, 밧줄로 내 몸을 병원에 꽁꽁 묶어둔 심정이었다.

"어머니, 지금 오셔야 해요. 지금 아이를 병원에 데리고 갈 사람이 없습니다."

머릿속에는 별별 장면들이 떠돌았다. 아이가 자지러지게 우는 모습, 애타게 엄마를 기다리는 모습. 더는 일에 집중할 수가 없어 안절부절하다가 마침내 가운을 벗고 상사에게 죄인처럼 양해를 구했다. 상사는 얼른 가보라고 했지만, 내가 자리를 비우면 대체할 인력이 없었다. 물리치료가 중단되거나 세 명이 하던 걸 두 명이 가까스로 해내야 했다. 게다가 연차에 기댈 수도 없었다. (오래전 그때는 연차 자체가 없었다) 사정을 훤히 알기에 아이 일로 자리를 비운다고 입을 떼기가 무척 난감했다.

나는 갈수록 무서운 엄마로 변해갔다.

"지금 안 일어나면 엄마가 어떻게 되는지 알지? 엄마가 너 때문에 지각하면 좋겠어?"

늦게 일어나는 아이에게 교관처럼 말했다. 호루라기를 불고 '동작 봐라'를 외치지 않았을 뿐 저음의 목소리로 아이를 다그쳤다. 하루는 아이가 학교에서 그린 그림을 보게 됐다. 아빠는 토끼처럼 유순한 동물인데, 엄마인 나는 두 팔로 가슴을 두드리는 백곰이었다! 내가 이 정도로 무서웠다니. 직장에 피해가 가면 안 된다는 생각에 아이에게 으르렁대는 내 모습이 보였다.

아이들은 일하는 엄마 심정을 아는지 투정 한번 안 부리고 자랐다. 아이들 소풍 때는 바쁘고 몸이 힘들다는 핑계로 김밥을 싸주질 못했다. 은박지에 싸서 검정 비닐에 나무젓가락을 무심히 넣은, 동네 분식집 김밥 한 줄을 소풍 가방에 넣었고 아이는 아무 말이 없었다. 한 번은 큰맘 먹고 병원에 사정사정해서 아이 소풍에 따라갔다. 점심시간이 되자 반 친구와 엄마들이 한데 모여 앉았다. 다들 2단, 3단으로 쌓은 오색찬란한 도시락을 꺼내 펼쳤다. 윤기 도는 꿀떡에 딸기, 닭 다리에 누드 김밥까지. 온갖 음식이 먹음직한 자태를 뽐냈다.

"엄마, 김밥 안 꺼내고 뭐 해?"

"응?"

순간 머뭇거렸다. 검정 비닐에 든 김밥 한 줄을 꺼내 은박지를 펼치자니 손에서 식은땀이 나고 얼굴이 화끈거렸다. '그래도 이건 아니지.' 나는 가방에 든 김밥을 차마 꺼낼 수 없었고 다 같이 한 데 늘어놓고 먹는 분위기에 묻어갔다. 집에 오면서 아이에게 물었다.

"소풍 갈 때마다 친구들이 오늘처럼 도시락을 싸 왔어?"

"응."

"너만 도시락이 없었을 텐데, 아무렇지 않았어?"

"엄마는 늘 일하느라 바쁘잖아. 나는 아무 상관없었어."

"…"

아이에게 미안했다. 다른 애들은 엄마랑 소풍도 가고, 방학 때 길게 여행도 갔을 텐데. 학교 끝나고 오면 엄마가 간식 준비해 놓고 기다릴 생각에 신날 텐데…. 우리 아이들에게는 그런 추억이 없다. 소풍을 마치고 돌아오는 길 아이와 시장에 갔다.

"다음 소풍부터는 엄마가 김밥 싸줄게. 맘에 드는 도시락통 골라 봐."

"우와 정말? 나도 이제 도시락 먹는 거야?"

아이들은 눈을 반짝이며 그릇 가게를 몇 바퀴 돌아다녔다. 딸은 보라색에 노란 민들레가 그려진 도시락, 아들은 동물이 새겨진 도시락을 골랐다. 남매는 한동안 도시락을 머리맡에 두거나 끌어안은 채 잠이 들었다. 도시락이 뭐라고. 그게 얼마나 좋았으면….

엄마로서 나는 떳떳하지 못했다. 워킹맘이어도 더 잘하고 다 챙기는 엄마도 있던데 난 일에 매여 아이들에게 소홀했다. 일을 그만둘까 싶었지만 사는 게 빠듯해 그러지 못했다. 무슨 대비책이 있어야 사표를 낼 텐데…. 물리치료를 공부했으니 그 우물에만 몸을 담가야 한다고 생각했다. 다른 걸 할 줄 모른다고, 할 수 없다고 나를 좁혔다. 일하다가도 "엄마, 엄마" 찾을 아이들이 눈에 밟혔다. 직장인 족쇄를 풀고 싶었지만, 그렇다고 마땅한 대책도 없었다. 그래 십 년만. 딱 십 년만 하는 거다. 목돈이 생길 때까지만. 그러다 서른 지나 마흔이 되고 쉰이 넘어갔다. 뭣도 모르던 풋내기가 이제 퇴직이 멀지 않은 나이가 됐다. 천직이라기보다 살다 보니 그리 흘러갔다.

가슴 뛸 정도로 뜨겁지도, 못 견디게 차갑지도 않은 세월이었다.

적당히 미적지근한 온도라 발 담그고 있다 보니 어느덧 30년이 흘렀다.

나이 들면
뭐 먹고 살지

오십이 가까워지자 몸이 녹슬기 시작했다. 손가락 뼈마디가 저릿저릿했다. 관절통이란다. 주먹을 쥐었다 폈다 할 수 없을 정도로 욱신거렸다.

'더는 못 해. 쉬어야 해!'

손가락이 아우성치는 듯했다. 손가락 파업 시위로 일 년 가까이 병원 일을 쉬었다. 아기 낳을 때 빼고는 30년 넘게 쉬지 않고 일해 왔는데…. 자연스레 노후에 먹고살 궁리를 해봤다. 남편과 둘이 벌어 집도 사고 아이 둘 키우며 그럭저럭 살아왔지만 곳간에 재물을 넉넉하게 쌓아둔 건 아니었다. 나이가 들면 뭘 하며 먹고 살아야 하나? 개인 병원 물리 치료사는 정년 후에도 맘만 먹으면 할 수 있는 직종이지만, 백발이 되어서도 치료실에 몸담고 싶진 않았다. 그러면 억울할 것 같았다. 다른 일을 찾아야 하는데… 뭘 할 수 있을까.

어느 날 경매를 공부해서 인생 역전에 가까운 시세 차익을 남겼다는 아무개의 기사가 눈에 들어왔다. 순간 머릿속 전구에 불이 번쩍 들어왔다.

'그래, 부동산이다. 공부하고 투자하고 오십 대 중반에 퇴직하자.'

재테크 카페를 수소문하고 돌아다니다 강의를 듣기 시작했다. 머리에 띠만 두르지 않았을 뿐 퇴근 후면 수험생 모드로 돌입했다. 설거지에 반찬 만들기에 빨래까지 마치고 책상에 앉으면 밤 11시. 스르르 눈이 감기면 볼을 때리고 손을 꼬집었다. 새벽 1시. 2시. 밤은 깊어만 가고 경매 강의는 끝날 줄 몰랐다. '음, 일괄 매각이 뭐였더라….' 중얼거리다 모니터 앞에 코를 박고 꼬꾸라졌다. '꼬박꼬박 월세 받는 건물주'가 되어 가운을 벗고 자유롭게 비상하는 걸 상상하며 침을 흘렸다.

"경… 경매를 한다고?"

남편은 경매에 '경' 자만 들어도 경기를 일으켰다. 그게 얼마나 안 좋은 건지 아느냐고. 안 그래도 궁지에 몰린 사람들 집을 빼앗으며 돈 벌고 싶지 않다고. 게다가 대출도 받아야 하는데 그 골치 아픈 일을 왜 하느냐며 손사래를 쳤다.

"어차피 팔려고 내놓은 집이잖아. 확실히 된다니까. 주변 시세보다 훨씬 저렴하게 낙찰받을 수 있어. 이건 돈을 버는 하나의 방식일 뿐이야."

나는 시골 할머니 같은 남편 말에 귀를 닫아 버렸다. 뭔가에 홀린 사람처럼 경매가 나를 구원하리라 믿었다. '직장에 묶인 족쇄를 풀어 버리고, 평안의 부동산 낙원으로 나를 인도하소서. 아멘.'

얼마 뒤 원룸 아파트를 괜찮은 가격에 덜컥 낙찰받았다.

"자기야, 나 오늘 낙찰받았어."

"그래? 몇 명이나 들어왔는데?"

남편은 그래도 밤새며 공부하는 나를 보았던지라 떨떠름하게 물었다.

"몇 명? 나 혼자밖에 없었는데. 입찰차가 나 혼자였어."

남편은 벌떡 일어나 배탈 난 사람처럼 발을 동동 굴렀다.

"왜 입찰자가 혼자겠어? 군산 아파트 시세도 안 좋은데 잘

못되면 어떻게 하려고."

　서울에서 아파트 경매로 재미 좀 봤다는 사람들이 많길래 나는 남편 말을 귓등으로도 듣지 않았다. 일 년이 지났다. 그러다 이 년이 지났다. 어째 판이 예상과 다르게 돌아가는 눈치였다. 시세 가격이 꿈틀대며 올라가는가 싶더니 갈수록 꼬꾸라졌다. 팔아, 말아? 고민하는 동안 상황은 점점 더 불리해졌다. 이것저것 따져보니 수익이 나기 어려운 구조였다. 몇 년 쏟아부은 시간과 발품을 생각하면 놓아 버리기 싫었지만⋯ 달리 방도가 없었다. 고심 끝에 십 원 한 장도 못 남기고 팔아 버렸다. 경매는 내 길이 아닌가? 손을 털고 아파트 매매로 방향을 돌렸다. 두세 번 사고팔며 감을 익히긴 했지만 그것 역시 결국 손을 뗐다.

　한 번 저지르면 저지르는 게 일상이 되나 보다. 목돈이 필요해 대출에 손을 댔다. 대출에 '대'자만 들어도 펄쩍 뛰던 남편을 달래 부동산 사무실에 끌고 갔다. 그이는 처음에 목석같은 태도를 보였지만, 공인중개사의 말을 듣자 빗장을 스르르 풀었다. 우리 부부가 이토록 마음을 합친 순간이 있었던가. 남편은 퇴직 대출을 받고, 나는 주변에 돈을 빌려 다가구 건물을 덜컥 사버렸다. 달밤에 정화수 떠놓고 비는 심정으로 한 달이 가고 또 지나갔다.

그땐 뭔가에 홀린 듯 이런저런 상황이 크게 귀에 들어오지 않았다. 불법 건축물? 건축물 대장에 적힌 노란 글씨가 대수롭지 않게 눈에 들어왔다. 그때는 그런 식으로 지은 건물이 허다했다는 말에 별다른 걱정을 하지 않았다. 하지만 10여 년이란 세월이 흐른 뒤에야 불법 건축물은 사면 안 된다는 것을, 불법이면 오르지도 않고 팔리지도 않는다는 것을 알게 되었다.

부동산 매매에 매달리는 동안 불안이 가시질 않았다. 나는 무엇을 그리 열망했던 걸까? 현재가 딱히 불행한 건 아니었다. 그런데 무언가 부족함, 지금보다 나아져야 한다는 조급함이 나를 보챘다. 나의 심연에는 결핍이 자리했다. 여리고 고상했던 엄마가 빚쟁이에게 쩔쩔매던 모습, 쩌렁쩌렁하던 호기가 사라진 채 서울로 도망치듯 떠난 아빠가 자리했다. 부모의 사업 실패로 새겨진 불안, 금호동 달동네에 살던 스물둘의 오기가 중년의 나를 여전히 다그쳤다. 으리으리한 집, '억' 소리 나는 돈이 불안을 채워주리라 여기며 이곳저곳 쑤시고 다녔다.

투자에 몇 차례 고배를 마시자 요동치는 부동산 시장 말고 내 안에서 기대할 만한 구석을 찾아보기로 했다. 살아오면서 가장 믿을 만한 건 '내'가 아닌가. 한 분야에서 삼십 년 넘게 묵

묵히 일해온 심지와 몸뚱이를 믿어보기로 했다. 일하느라 굳은살 박인 내 손을, 퉁퉁 부은 두 다리를 믿기로 했다. 지독한 끈기야말로 지금껏 내 인생을 기둥처럼 일으켰고 지켜줬다. 오십이 되어서야 결심했다. 다른 거 믿지 말고 나 고다연을 믿고 응원해 보자고. 나를 채워보자고.

오십에 만든
복근

부동산 공부에서 발을 빼자 일상이 달리 보였다. 오르락내리락 바이킹을 타다가 완만한 평지에 발 디딘 것처럼 평온했다.

"자. 다음 분 들어오세요."

치료실에서 가운을 입고 환자를 대하는 일상은 그럭저럭 괜찮았다. 가슴 철렁할 일 없이 대체로 평온한 그 자리가 이젠 감사할 따름이었다. 대체 언제 가운을 벗어 던지고 병원 밖으로 나갈 수 있지, 하던 탈출 욕구가 쏙 들어가 버렸다. 잔잔한 일상에 나를 파묻었다.

내 나이 오십 대 중반에 이르렀다. 어느 날 코로나가 세상을 발칵 뒤집어 놓았다. 유럽에선 하루에 몇백 명이 들것에 실려 땅에 묻힌다는 뉴스가 떠들썩했다. 동네 식당이 하나둘 문을 닫았다. 아이들은 집에서 모니터 앞에 앉아 수업을 들었다. 마스크를 쓰긴 했지만, 가까이서 환자를 치료하기가 조심스러웠다. 어째 이런 일이. 병원이 한산할수록 내 마음은 들썩거렸다. 세상 돌아가는 걸 배우려고 강의를 들으니 다들 온라인에 집을 지으라고 했다.

옷가게, 식당, 서점, 뭘 해도 온라인으로 해야 장사가 된단다. 노후 대비를 하던 나는 머리를 굴리다 귀가 솔깃했다. 온라인 건물. 그걸 지어서 사람을 모아 수익을 내는구나. 이런 착한 알짜배기가 어디 있나. 월세가 나가나 발품이 들어가나. 휴대전화만 붙들고 있으면 건물 한 채를 짓고 생계를 이어갈 수 있다? 손해 볼 게 없으니 망설일 이유도 없었다. (뭐든 꾸물거리지 않고 밀어붙이는 건 알아준다)

'그런데 온라인 건물을 어디에 지으라는 거야?'

오십오 살에 나는 이상한 나라를 탐험하는 앨리스가 되었다. '인스타그램'이라는 신세계 속으로 걸어 들어가자 눈이 돌아갔다. 계정을 구경할 때마다 다채로운 장면이 펼쳐졌다.

'이 사람은 여행을 좋아하나 봐. 엽서에서나 보던 사진이잖아.', '와, 이런 카페가 있네. 커피 사진도 멋지다.', '여기는 꽃집 사장님 피드구나.'

이국적인 해변을 거니는 사람부터 출근하기 싫다고 투정 부리는 사람, 요리 실력 자랑하는 사람, 오만 가지 사람들이 네모난 피드를 벽돌처럼 쌓아가며 온라인에 집을 지었다. 어느 정도 벽돌을 쌓은 집에는 방문자도 몇천 명씩 찾아오고, 이런저런 말들이 와글거렸다.

'와, 장소가 너무 멋지네요. 여긴 어딘가요?'
'저도 이거 먹어보고 싶네요.'

이집 저집 구경하다가 사진 몇 장이 시선을 사로잡았다. 내 또래 되는 중년 아줌마들이 딱 달라붙는 운동복에 매끈한 몸매를 드러내며 운동하는 모습이었다.

'엥? 아줌마들이 이렇게나 많이 헬스장에서 운동한다고?'

표주박이라도 박아놓은 듯한 엉덩이, 도려낸 듯 잘록하게 들어간 허리. 자기 몸을 잘 가꾼 사람에게서 풍기는 당당한 활기가 느껴졌다. 그 탱탱한 육체 가운데 유독 눈길을 끄는 부위가 있었는데 바로 복부였다. 아줌마의 배는 대개 피하지방을 둘러 자애롭고 푸근하다. 여자는 배가 나오는 순간 아줌마라고 하지 않던가. 그런데 그녀들의 배는 '헉' 하고 일종의 위기의식을 불러일으켰다. 11자 복근이 문신처럼 또렷한 중년 여성의 배. 그 단단한 배를 볼수록 가슴이 밑바닥부터 데워지더니 뜨거운 게 올라왔다.

운동은 배신하지 않는다!

내 몸매 돌리도!

결의를 선포하는 말들. 내 안에서 잠자던 운동 세포들이 하나둘 깨어나면서 전신을 휘젓고 돌아다녔다. 몸이 근질근질했다.

'복근. 이거다! 나라고 못 할 게 뭔가.'

나로 말할 것 같으면, 몸 구석구석 근육이 어디 붙어 있는지 다 아는 사람 아닌가. 게다가 체력이 약하지도 않았다. 팔씨름이며 줄넘기며 온갖 놀이로 동네 골목을 주름잡던 내가 아닌가. 할 수 있다는 확신이 이두박근 삼두박근처럼 솟아올랐다.

'가만, 근데 뭘 입고 해야 하나.'

없으면 없는 대로 헐렁한 티셔츠에 무릎이 튀어나온 운동복 바지를 걸쳐 입었다. 퇴근 후 식구들이 거실 소파에 늘어져

TV를 보는 동안, 나는 거실 한복판에 매트를 깔았다. 다리를 벌리고 손을 뻗치려는 순간 여기저기서 호루라기 같은 소리가 튀어나왔다.

"아 엄마, 저리 가서 하면 안 돼?"

"아~ 엄마 제발. 자꾸 걸리적거려."

단속반에 걸린 노점상처럼 이쪽저쪽 옮겨 다녔다. 그러다 거실 한쪽 구석에 떡하니 터를 잡았다. 텔레비전 소리를 비집고 조용히 영상을 틀었다. 막 몸을 움직이던 찰나 등 뒤로 따가운 소리가 들렸다.

"이 사람이 화면을 가리네. 저리 가서 해."

이대로는 안 되겠다 싶어 매트를 철수했다.

다음날 새벽 5시 반 눈이 떠졌다. 뱀이 허물을 벗듯 스르르 몸을 일으켜 거실로 나왔다. 선선한 새벽 공기를 맞으며 고요하고 널찍한 거실에 혼자 있으니 세상을 다 얻은 기분이었다. 매트를 깔고 영상을 켰다.

"자 이번에는 힙업 운동을 해 볼까요?"

"자신에게 맞는 속도로 하나, 둘, 셋, 넷."

나 홀로 요란한 아침에 영화를 찍었다. 머릿속엔 영화 〈록키〉의 박진감 넘치는 음악이 흘렀다. 빠밤빰 빠밤빰. 실베스

터 스탤론이 젖은 몸으로 훈련하는 장면이 스쳐 갔다. 변기에 앉은 듯한 자세를 취했다. 그 상태로 앉았다 일어나기를 반복했다. 발끝에서부터 뜨거운 열이 올라오면서, 머릿속이 환해졌다.

"오, 오!"

어느 연예인이 운동을 많이 하고 왜 맛있다고 표현하는지 알았다. 매가리 없이 흐느적대던 몸이 모양을 잡아가면서 쫄깃쫄깃 살아나는 듯한 맛. 그런 개운함을 맛보자 삼십 분이 뭔가. 한 시간 가까이 땀을 쏟으며 운동이 주는 진국을 맛봤다.

"아니, 당신 언제 일어났어? 꼭두새벽부터 무슨 복근을 만든다고 난리야?"

잠에서 깬 남편이 눈을 비비며 거실로 나와 한마디 했다. 또 시작됐구나, 하는 눈빛으로 쳐다보더니 지나갔다. 아침이면 혼자 붉은 태양 같은 얼굴로 헉헉대는 엄마가 신기한지 아이들도 흘끔 쳐다보았다. 그러다 학교 갈 준비를 했다. 언제까지 하려나, 하다 말겠지, 하며 대수롭지 않게 여겼다.

처음엔 피하지방으로 완만하게 나온 아랫배와 옆구리를 온라인 세상에 드러내자니 얼굴이 화끈거렸지만, 그것도 잠시였다. 운동하는 모습을 찰칵 찍어 인스타그램에 올렸다. 땀을 쫙

빼고 출근하는 아침은 떠오르는 황금 해가 내 품에 달려드는 것처럼 황홀했다. 온 세상이 나를 향해 두 팔 벌려 반겨주는 느낌이랄까? 병원에서 일하는 동안 다음 날 운동할 생각에 신바람이 났다.

복부 사진이 쌓이자 온라인 건물에 누군가 찾아오기 시작했다. 방문객 하나 없던 집에 들리는 초인종 소리! 반가움에 쪼르르 달려가 댓글을 살폈다.

'아. 옷을 좀 바꿔 입으면 더 멋있을 텐데요.'

몸에 뭘 걸쳤느냐가 뭐 그리 중요하겠냐만, 그 말도 일리는 있었다. 손님이 드나드는 집이니 주인 편한 대로 걸치고 있을 수는 없지 않은가. 바로 브라탑에 레깅스를 입었다. 착 달라붙는 복장으로 변신하자 태가 났다. '제대로 운동하는 여자'처럼 보였다. 옷이 날개라더니 몸이 날아다니기 시작했다.

크런치 30개씩 세 번

힙업 운동 45회 양쪽 두 번

스쿼트 200개

턱까지 차오르는 숨을 고르며 동작을 하나하나 늘려갔다. 그럴수록 지방이 떨어져 나가고 근육이 붙는 소리가 들리는 듯했다.

'아! 5시 반에 알람을 맞췄는데, 벌써 6시라고! 그럼, 한 시간밖에 운동을 못 하잖아.'

어쩌다 알람 소리를 못 듣고 늦게 일어나면 부아가 치밀었다. 병원에 지각할까 봐? 그게 아니라 운동 시간을 놓쳤다는 게 땅을 칠 정도로 속상했다. 〈죽어야 사는 여자〉라는 영화가 있는데, 나는 어느새 '운동해야 사는 여자'가 되어 버렸다. 하루도 운동을 안 하면 입 안에 가시가 돋거나 속상해 죽을 것 같은 여자 말이다.

한 달, 두 달, 석 달이 지나갔다. 계절이 바뀔 무렵 내 복부에도 변화가 생겼다. 두루뭉술한 지방을 두른 복부가 홀쭉해지더니 양옆으로 11자 복근 기둥이 위엄을 드러냈다. 이보세요, 골다공증 걱정할 나이에 복근은 무슨 복근입니까 하던 가족들의 반응도 바뀌었다.

"오, 엄마 정말 복근이 생겼네."

"이야, 당신 웬일이야."

휘둥그레한 눈으로 내 복부를 보더니, 엄지를 치켜들었다.

내 복부가 상장처럼 느껴졌다.

    복근 아줌마가 사는 온라인 집에 방문객이 밀물처럼 몰려오기 시작했다. 백 명, 천 명, 오천 명, 우르르 모여들면서 피드가 출렁이기 시작했다.

'이 복근 실화인가요? 포토샵 한 거 아니죠?'
'이 중후하면서도 관능적인 매력 뭔가요?'
'언니야 나도 할 수 있을까요?'

    태어나 이토록 많은 찬사를 받은 적이 있었나? 학창 시절 전교 일 등을 했어도 이토록 뜨거운 환호는 받지 못했을 것 같다. 평범한 오십 대 아줌마에게 복근이 있다는 게 사람들에겐 어떤 의미이기에 이렇게 열광하는 걸까. 중년은 무언가를 시작하기에 애매한 나이라는 편견을 내가 몸소 깨준 게 아닐까. 복근이 새겨질 정도로 '나'를 가꾸고 아끼는 여자, 자신과의 싸움에서 이길 줄 아는 여자가 되고픈 마음에 '좋아요'를 눌렀을 테다. 옆집 아줌마 같은 사람도 해냈으니 나도 할 수 있겠다고 스스로 응원하면서.

    복근 운동은 여러모로 나를 키워 주었다. 한다면 해내는 나,

자랑스러운 나, 가치 있는 나로 살게 하는 인생 근력을 키워 주었다. 이참에 크롭티 입고 복근 자랑 좀 해볼까?

2장

인생 2막 1장

셔플,
잠자던 흥분 세포를 깨우다

온라인에 건물을 지으면서 내 눈은 말똥말똥 돌아갔다. 신기한 건 만져봐야 직성이 풀리는 아이 같았다. 이 버튼은 뭐에 쓰는 건가? 영상에 글자와 음악을 입히려면 어떻게 하지? 버튼을 눌러보고 익히며 디지털 신세계에 눈을 떠갔다. 복근녀로 통하면서 팬도 착착 늘었고, 기세를 이어 건강식품을 판매해 수익을 내면 되겠다 싶었다.

그러던 어느 날이었다. 함께 머리 싸매고 공부하던 캐나다 교민이 영상 하나를 만들어 보여줬다. 젊은 외국 남자가 발을 현란하게 움직이며 춤추는 영상, 그런 힙한 영상에 자신을 출현시켰다. 누런 루돌프로 말이다. 정말이지 그녀는 루돌프의 몸속으로 들어가 두 눈만 내놓고 있었다. 가지처럼 뻗은 뿔에, 빨간 코까지 달았으니까. 박자가 빠른 음악에 맞춰 루돌프는 남자가 하는 동작을 엉성하게 따라 했다. 하다만 듯한 스텝, 어긋나는 박자, 어정쩡한 동작. 춤도 아니고 체조 동작도 아닌 것이 깔깔깔 웃게 했다. 너무 좋아요, 라고 댓글을 남기다가 나는 뭔가에 이끌려 영상 속 춤추는 외국인 계정을 따라 들어갔다.

푸른 파도가 데굴데굴 굴러오는 바닷가. 팔다리가 길쭉길쭉 뻗은 외국 남자가 춤을 추고 있었다. 바닷바람에 금발 머리가 흩날리고 옷이 펄럭거렸다. 이 묘한 분위기는 뭔가. 남자의 몸은 바람에 살랑대듯 가뿐했다. 그러면서도 뛰고 밀고 나아가는 발에서는 경쾌한 박력이 느껴졌다. 보고 또 보면서 나는 영상 속으로 빨려 들어갔다.

그는 셔플댄스를 추는 사람, 셔플러였다. 셔플댄스는 발이 다하는 듯했다. 제자리에서 두 발을 주로 움직였다. 펄쩍펄쩍 뛰다가 농구공 튀기듯 발로 드리블하는 것 같기도 하고 어느 동작에서는 놀러 나온 꽃게처럼 발을 양옆으로 왔다리 갔다리

비벼댔다. 암튼 발로 할 수 있는 온갖 묘기를 선보이는 춤에 사로잡혔다. 영상 속 셔플러가 발을 왼쪽 오른쪽 번갈아 뻗어가는 동작에서 대강의 박자가 느껴졌다. 얼핏 보면 스케이트 타는 동작과도 유사했다. '이렇게 추는 건가? 이건가?' 나도 모르게 다리가 꿈틀거리더니 슬슬 몸에 시동이 걸렸다. 순간 벌떡 자리에서 일어났다.

"원, 투, 원, 투."

어설프긴 해도 리듬을 타며 동작을 따라 했다. (누가 보기엔 또 한 마리의 루돌프가 탄생하는 순간이었을지도 모르겠다) 뭣도 모르고 춘 셔플댄스는 동작이 단순하고 반복적이며 무엇보다 경쾌했다.

'어라, 이거 나도 충분히 하겠는데!'

잠자고 있던 흥분 세포가 점차 깨어나더니, 사지는 물론 어깨며 등이며 고개며 전신이 들썩였다. 온몸이 살아 움직였다. 복근 사진을 볼 때처럼 '이거다!' 싶은 외침이 가슴 속부터 메아리쳤지만, 셔플댄스는 복근 운동과는 차원이 달랐다. '어떻게 하면 온라인 건물을 멋있게 지어서 수익을 낼까?'를 머리로 생각하다 찾아낸 게 복근이었다. 반면 셔플댄스는 계산되지 않은 발로였다. '하고 싶다. 할 수 있겠다.' 가슴이 쿵쾅거리자 개울가에 풍덩 뛰어드는 아이처럼 달려들고 싶었다. 셔플, 셔

플, 셔플. 머릿속이 와글거렸다.

나는 희열에 들떠 영상을 뒤지기 시작했다. 어느 영상에서는 머리가 희끗희끗한 70대 중국인 할아버지가 셔플댄스를 추었다. 그는 몇 개 안 되는 동작을 반복하면서 관절운동 하듯이 반듯하게, 각이 지게 춤을 추었다. 곧고 단단한 신체의 노인이 토끼처럼 팔랑팔랑 뛰다니. 노년에 춤을 춘다는 건 그 자체로 멋있는 일이었다. 할아버지는 경쾌한 리듬 속에 자신을 풀어둔 채 마구 뛰노는 아이처럼 신나 보였다. 잘 추고 못 추고는 중요하지 않았다. 무언가를 시도하고 즐기는 그의 천진난만함이 나를 들뜨게 했다.

그날 이후로 나는 춤에 빠져들었다. 배우고 싶어 안달 난 상태로 학원을 수소문했지만, 유행 지난 춤을 가르쳐 주는 곳은 없었다. 여기저기 살피다가 학원 강사가 기본 스텝을 알려주는 영상을 찾아냈다.

"두 다리를 벌렸다 제자리로, 벌렸다 제자리로. 원, 투, 원, 투."

집에서 스텝을 연습했다가는 아랫집 할머니가 뛰어 올라올 게 뻔했다. 적당한 데가 없나 살피다가 아파트 단지 사이 후미진 구석으로 들어갔다. 조용히 영상을 틀고 연습을 하려는데 어째 뒷덜미가 뜨거워 뒤를 돌아봤다.

"거기서 뭐 하세요?"

경비 아저씨가 휘둥그레한 눈으로 나를 쳐다봤다. 얼굴이 홍당무가 된 나는 무언의 미소만을 남긴 채 황급히 그곳을 떠났다.

한낮에는 춤출 데가 마땅치 않으니 차라리 밤이 낫겠다 싶었다. 늦은 저녁 모자를 푹 눌러쓰고 으슥한 공원으로 향했다. 무슨 범행이라도 저지르는 사람처럼 주변을 두리번거리다가 영상을 틀고 동작을 익혔다. 그러면서도 두 눈은 감시 카메라처럼 사방으로 돌아갔다. 저만치서 누군가 걸어오는 게 느껴지면 시치미 뚝 떼고 동작을 멈추었다. 멀리서 누군가 수풀에 숨어 나를 관찰했다면 혼자 얼음 땡하고 노는 이상한 아줌마로 봤을 거다. 몇 분 연습하면서 동작을 익힐라치면, 누군가 쓰윽 지나갔고 나는 태연스럽게 동작을 멈추었다. 그런 내가 수상한지 다시 뒤돌아 나를 살폈고, 겸연쩍은 나는 다른 곳을 찾아 돌아다녔다.

며칠 뒤 공원에 내 춤을 보러 오는 구경꾼이 생겼다. 동네 길냥이 순이가 슬금슬금 다가와 나를 빤히 쳐다봤다. 밤마다 주변을 어슬렁거리다 혼자 몸을 흔드는 정체불명의 아줌마,

이 아줌마는 대체 여기서 뭘 하는 건가, 신기하다는 표정이었다. 다음날에는 구경꾼이 한 명(?) 더 늘었다. 순이 옆에 순이 친구가 앉아 고개를 갸우뚱하며 나를 쳐다봤다. 그다음 날에는 검은 점박이 고양이까지 왔으니 구경꾼이 또 늘었다. 깜깜한 밤 플래시처럼 환한 눈동자들 속에서 나 홀로 춤 삼매경에 빠져들었다.

땀 빼며 복근 운동하던 아줌마가 셔플댄스에 뛰어든 모습을 SNS에 차곡차곡 올리고 싶었다. 젊은이도 아니고 댄스강사도 아니고 중년의 아줌마가 추는 셔플이라. 춤을 잘 추는 건 아니지만, 아줌마의 가슴 뛰는 도전기를 녹화해 전하는 건 그 자체로 흥미진진했다. 무임금 카메라 감독이 필요해 방과 후 집에 들어온 아들에게 다짜고짜 부탁했다.

"엄마 춤 연습하는 것 좀 영상으로 남겨야겠다. 같이 나가자."

새로운 걸 시도하는 엄마 모습에 아들은 이제 놀라지도 않아 했다. 그보다도 중학교 3학년한테 이런 걸 시켜도 되냐며, 한창 학업에 열중할 나이가 아니냐며 곤란해했다. 아들은 워낙 숫기가 없어 공공장소에서 휴대전화를 들고 촬영하는 걸 부끄러워했다. (아니면 인정사정없이 몸을 흔들어 대는 엄마가 부끄러웠을지도) 내가 춤추는 동안 아들은 건물 벽에 그림자처럼 바짝 붙어서 마치 없는 사람처럼 영상을 찍었다. 그러다 어디선가 발소리가 들리면 잘못이라도 저지르다 들킨 사람처럼 후다닥 도망가 버렸다. (아들은 소머즈가 된 듯 백 미터 밖의 발소리까지 들었다)

"앗, 여기서부터 박자가 안 맞네. 다시 찍어야겠다."

"엄마, 벌써 몇 번 째야?"

아들은 억울하게 벌이라도 받는 사람처럼 일그러진 얼굴로 마지못해 촬영했다. 찍다가 멈추고. 찍다가 도망가고 다시 잡아 오는 일상이 반복되었다.

오십, 나는 아직 녹슬지 않았다

 누가 봐도 춤바람 난 아줌마가 되어 버렸다. 춤바람이라, 맞는 말이다. 춤바람이 불어도 메가급으로 불어서 주야장천 몸이 들썩거렸다. 하루는 환자가 드문 오후, 병원 치료실에서 스리슬쩍 스텝을 밟는데 동료가 나를 보고 피식 웃었다.
 '내가 원래 흥이 많았나? 동네 산천을 떠돌며 극성을 부릴 정도로 춤을 좋아했나?'
 돌이켜 보니 인생의 어느 대목에서 나는 넋 나간 사람처럼 몸을 흔들어 댔다. 저 조용한 애가 춤을 춘다고? 내가 알던 고

다연 맞아? 주변에서 놀라 자빠진 적이 분명 있었다.

중학교 시절 나는 대체로 조용했다. 설렘이 움트는 사춘기 소녀처럼 명랑하다가도 조심스럽게 행동하는 편이었다. 어느 소풍 날 반마다 춤으로 장기자랑을 겨루었다. 서로 등 떠밀어도 우리 반에는 선뜻 나서는 애가 없었다. 한번 움직여 봐? 몸이 들쑤시던 나는 아무 생각 없이 일어나 동그란 원 안에 제 발로 걸어 들어갔다. 카세트를 누르고 댄스 음악이 흘러나오자 두 눈을 감고 다리부터 떨기 시작했다. 음악의 리듬을 온몸으로 흡수하는 중이었다. (누가 보면 자기 최면을 거는 사람처럼 보였을지도 모르겠다) 몸이 해동하듯 서서히 긴장이 풀렸다. 양팔을 옆으로 벌렸다. 왼손 끝에서 어깨를 타고 오른손 끝까지 파도가 일었다.

"와, 쟤 지금 뭐 하는 거야? 웨이브 하는 거야?"

옆 반 애들이며, 멀리서 지켜보던 선생님들이 원 주위로 우르르 모여들었다.

이제는 정수리에서 발끝까지 물결이 일었다. 그러다 훌라후프 하듯이 허리가 돌아가더니 어깨가 출렁거렸다. 석쇠 위에 오징어 구워지듯 몸을 비틀었다.

"어머, 쟤 좀 봐."

사방에서 탄성이 터져 나왔다. 에라 모르겠다. 신들린 사람처럼 팔을 사방으로 휘저으며 몸이 다다다다 요동치기 시작했다. 나는 날뛰었다. 막춤도 그런 막춤이 있을까. 머리끈이 느슨해지더니 머리카락이 사방으로 퍼지면서 볼을 찰싹찰싹 때렸다. 운동화 끈도 풀려 버렸다. 터지는 환호 속에서 나는 우주로 날아가는 로켓처럼 내 몸을 허공에 쏘아 올렸다. 세상에 박수 물결과 그 속에서 출렁이는 나밖에 없었다. 다른 건 보이지 않았다. 온몸에 전류가 흐르듯 찌릿찌릿. 지칠 기세로 흔들다가 어느새 음악이 끝나 버렸다. 원 밖으로 나오자 땅이 덤비듯 울렁거렸고, 모두가 휘둥그레한 표정으로 이건 뭐지 하며 손뼉을 쳤다. 나 막춤 대가인가 봐! 쏟아지는 박수를 받자 마치 천하를 제패하고 돌아온 용사가 된 기분이었다.

잔잔한 일상이 다시 춤으로 발칵 뒤집힌 건 고등학교 때였다. 안방에서 그래미 시상식을 보는 중이었다. 드럼 비트가 울려 퍼지고 무대 중앙에 한 남자가 보였다. 검은 모자, 발목이 보이는 검은 일자바지. 주름진 하얀 양말. 팝의 황제 마이클 잭슨이었다. 마이클은 모자를 던져 버리고 제자리에서 걷는가 싶더니 뒤로 미끄러지는, 기묘한 스텝을 선보였다. 마치 컨베이어 벨트 위에 서 있다가 뒤로 밀려나는 듯했다.

'와, 이게 그 유명한 문워크구나. 환상적이다!'

절제된 동작이 이리 강렬할 수가. 마이클의 춤은 나를 화면 앞에 꽁꽁 묶어두었다. 문워크 춤에 붙들리자 잠을 이룰 수 없었다. 한밤중에 벌떡 일어나 맨발로 방바닥을 쓸면서 따라 할 정도였다. 문워크를 하사받을 수 없나. 수소문한 끝에 한 친구가 자기 동생이 춤을 잘 춘다고 했다.

"네 동생이 문워크를 할 줄 안다고? 나 동생 좀 만나게 해줘."

"미쳤어? 그걸 배워서 뭐에 쓰려고? 걔는 좀 노는 애라 만나기도 어려워."

사정사정해서 친구 집에서 동생을 만났다. 나 혼자 터득한 기본기, 방바닥을 쓸면서 뒤로 가는 퍼포먼스를 보여주었다. 그러자 이 누나 뭐야, 어이없다는 표정이 돌아왔다.

"누나. 그게 아니고, 이게 이렇게 하는 거라고."

쓴소리 들어가며 문워크를 익혔다. 어느 소풍 날 장기자랑을 해야 하는데, 우리 반은 나갈 사람이 아무도 없다며 반장이 골머리를 앓았다. (하필 그 얘기를 왜 내 옆에서 했을까)

"나 잘하는 건 아닌데…. 문워크 좀 할 줄 알아."

"그래? 그럼 다연이 네가 장기자랑 나가줘."

다섯 명이 문워크 팀을 짜서 무대로 출격하기까지 연습에 매진했다. 밤늦게까지 얼마나 춤 연습을 했는지 엄마가 걱정할 정도였다. '에고, 사는 형편이 어려우니까 우리 딸이 이젠 나쁜 길로 빠지나 보다.' 하고. 얼마가 지났을까. 소풍날 일명 독수리 오 자매가 나란히 서서 문워크를 선보였다. 여자애 다섯 명이 나란히 서서 아랫배를 튕기질 않나. 발차기했다가 뒤로 미끄러지다가 다시 돌아오질 않나. 공연을 마치자 쏟아지는 함성소리에 머리가 어질어질했다. 물론 독수리 오 자매가 마이클 잭슨 저리 가라 할 정도로 문워크를 춘 건 아니지만, 다른 애들이 하지 않은 걸 선보여서 열기가 더했다.

춤으로 내 인생을 나열하자면, 그 끝에는 대학 시절 친구 따라간 디스코텍을 빼놓을 수 없다. 나는 의자에 앉아 콜라만 홀짝홀짝 마셨다. 바짝 얼어서 휘둥그레한 눈으로 춤추는 이들을 바라만 봤다. 맘춤이니, 허슬이니 신나게 추는 사람들. 뭐 탈선이랄 것도 없지만, 처음 보는 무리에 섞여 몸을 흔들고 유흥을 즐기자니 어째 부끄러웠다. 두어 시간을 그저 의자에 앉아 보내고 시간은 째깍째깍 흘러 11시 30분이 되었다. 자정이면 문을 닫는지라 마음이 급해졌지만, 의자에서 몸이 떼지질 않았다.

"아, 뭐해! 콜라만 마시려고 여기 왔나?"

친구에게 등 떠밀려 마지못해 몸을 흔들었다. 추다 만 듯, 출 듯 말 듯. 그런데 추다 보니 몸에 시동이 걸리기 시작했다. 고개가 360도 돌아가더니 팔을 요리조리 꺾으면서 내 몸은 제어할 수 없을 지경으로 풀려 버렸다. 이건 뭐. 리듬이랄 것도 없이 손발이 따로 놀고 무아지경에 이르렀다. 접신이라도 한 무당처럼 널뛰면서 주변을 휘저었다. 그러자 한 명 두 명 모여들어 나를 쳐다봤다. '그래, 고다연. 나 아직 녹슬지 않았다 이거야.'

빨갛고 파란 조명과 열기. 쩌렁쩌렁 울리는 음악에 한창 빠져 있는데, 갑자기 흘러나온 발라드 음악이 흥을 깨버렸다.

"이제는 우리가 헤어져야 할 시간. 다음에 또 만나요~."

주변에 아무도 없었다. 허겁지겁 가방을 챙겨 문밖으로 나오자 친구들이 저만치 서 있었다. 미친 사람처럼 추는 내가 창피해 도저히 같이 있을 수 없었단다. 그날 이후로 나는 나이트클럽에 갈 기회만 호시탐탐 살폈다. 틈나는 대로 춤을 연마하기 시작했다. 화장실 변기에 앉아서도 스텝을 고르며, 다시 올 광란의 밤을 기다렸다.

그 후 물리 치료사가 되었고 결혼했다. 아이 둘을 낳았고 어느새 오십이 훌쩍 넘었다. 그런데 다시 춤에 빠질 줄이야. 춤은 내가 잠자코 살라 하면 '훅' 하고 들어와 나를 마구잡이로 흔들어 댔다. 누군가 내게 좋아하는 게 뭐냐고 물으면 딱히 떠오르는 게 없었다. 그런데 좋아하는 게 없는 게 아니었다. 좋아하는 걸 잊고 살았을 뿐이었다.

정신이 나가야만
가슴의 메아리가 들린다

해외 셔플러들의 영상을 보면서 동작을 익혀가기 시작했다. '오! 얼추 비슷한데.' (내 눈에는 그렇게 보였다) 이제 제법 추는 모양새가 난다고 할까.

'왼발 앞으로 오른발 앞으로, 다시 왼발 앞, 오른발 앞.'

발바닥을 앞에서 뒤로 끌면서 깡충깡충 뛰었다. 동서남북으로 돌고 나니 숨이 차올라 헉헉댔다. '뭘 이 나이에 댄스에 꽂혀서리.' 수줍음이 담긴 글과 함께 영상을 쏘아 올리자 구경 온 사람들이 너도나도 댓글을 남겼다. '오, 이 많은 사람이 내 춤을 보고 있다니!' 인파가 가득한 공연장 무대 위에 서 있는 것 같았다.

"멋지네요. 파이팅!"

댓글마다 환호와 박수 소리가 줄줄이 이어져 어쩔 줄을 몰랐다. 공연 후 뜨거운 갈채를 받는다는 게 이런 건가 싶었는데 흘러가는 분위기가 어째 묘했다.

"멋져요. 서툰 모습은 귀여운 법이니 살짝 웃고 가도 되겠죠?"
"저도 열심히 흔들기는 하는데 거의 재활하는 수준에 가깝습니다."
"코믹한걸요. 우울할 때 보고 싶은 저장각."

배꼽 빠지게 웃는 이모티콘이 여러 개 달렸다. 푸하하하 푸하하하. 여기저기서 폭소를 터뜨리는 것 같자 얼굴이 화끈거렸다. 웃음을 선사한다는 게 좋은 의미로만 다가오지 않았다. 나는 잘 춘다는 소리를 듣고 싶었는데 내 춤사위가 몸개그처럼 보이다니. 이대로는 안 되겠다 싶어 제대로 연습할 장소를 찾아다녔다.

퇴근길 동네 주변을 두리번거렸다. 허름한 건물 2층에 줌바

댄스 간판이 눈에 들어왔다. '어, 여기 원래 댄스 학원이 있었나?' 터벅터벅 계단을 올라가 문을 열었다. 학원은 고요했다. 아무도 없는 공간에 사방이 전신거울이라 더 텅 비어 보였다. 학원 원장은 저녁 6시부터 7시까지 한 시간이 빈다고 했다. 코로나가 여전히 활개를 치던 시기였고 학원 운영도 어려운 터라 싼값에 한 달을 계약했다.

"춤 전공하셨어요?"

아니라고 답하니 여기 왜 왔냐고 물었다.

"음, 셔플댄스 연습하려고요."

내 대답에 학원 원장은 눈이 휘둥그레해졌다. 유행한 지 십 년도 넘었는데 무슨 셔플댄스냐며 의아해했다. 내가 봉산탈춤을 배우겠다고 해도 같은 표정을 지었을 것 같다.

"왜요? 요즘 그런 춤 추는 사람 없어요. 다 줌바댄스나 방송댄스 배우지."

"아, 제가 다른 춤은 별로인데 이상하게 셔플댄스는 추고 싶어서요."

"그럼 누구한테 배워요?"

"아, 유튜브 보고 혼자 연습하려고요."

"…"

원장은 더 묻지 않았다. 나조차 나를 이해할 수 없었다. 그동안 부동산이나 영어나 성공학을 공부할 때는 '자기 계발'이라는 든든한 명분을 내세웠다. 돈을 벌든 스펙을 쌓든 나를 이롭게 한다는 뚜렷한 확신에서 시작한 공부였다. 셔플댄스는 좀 달랐다. 배워서 써먹을 데라고는 연말 모임에서 개인기 할 때 말곤 없지 않은가. 배울 데도 마땅치 않은 춤을 추겠다고 연습실까지 대여하다니. 이런 나를 두고 '정신이 나갔다'고 할 사람도 있을 것이다. 맞다. 정신이 나가야만 가슴에서 울리는 메아리를 따라 (남들이 보기에) 엉뚱한 길로 나아갈 수 있다.

  원장은 가고 연습실에 혼자 남았다. 몸을 이리저리 비틀며 바닥을 거닐자 텅 빈 공간 속에 발소리만 들렸다. 주변을 둘러보니 벽 전체를 덮은 거울이 전신을 비추었다. 여기도 거울, 저기도 거울, 사방에서 나를 지켜보는 듯했다. 혼자 커다란 거울을 마주하고 있으니 피식 웃음이 나기도 했다. 슬슬 동작을 익히려는데 몸이 잘 움직이질 않았다. 왜 셔플댄스냐며 이해할 수 없다는 원장 때문이었을까? 박장대소를 터뜨리는 댓글 때문이었을까? 스텝이 쉽게 떼지질 않았다. 뭉그적대다가 런닝맨 동작을 두어 번 하고는 연습실을 나왔다. 괜한 짓을 했나 싶었다. 집으로 향하는 길, 춤추는 오십 대 아줌마를 응원했던 수십 개의 댓글을 떠올렸다. 웃긴다는 반응이 대부분이었지만, 그 가운데는 나의 용기와 무모함을 응원하는 목소리도 있었다. 그런데 정작 나는 연습실에 홀로 선 나를 응원하지 못했다니.

'일단은 빌렸으니 한 달은 해 보자. 내가 몸치는 아니잖아. 한 달만 하면 멋지게 추겠지.'

마음을 다잡았다. 나 자신을 믿지 못하면 인생은 한 발도 앞으로 나아가지 못한다. 나부터 나를 믿어주기. 누가 아니라고 뜯어말려도 나는 나를 바보처럼 믿어야 꿈꾸며 살아갈 수 있다. 그래야 마음이 시키는 대로 인생 스텝을 밟아가면서 경쾌한 리듬으로 삶을 변주할 수 있다.

병원 일을 마치고 나면 매일 연습실로 직행했다. 가족들에게는 한 달만 기다려 달라고 했다.

"엄마가 멋진 춤꾼이 될 거야. 인스타 팔로워도 팍팍 늘리고 돈도 월급만큼 벌어올게."

댄스강사가 될 것도 아니고 춤으로 먹고살 궁리는 한 적도 없으면서 호언장담했다. 퇴근 후 녹초가 된 몸을 연습실에 들이밀었다. 거울 앞에 서서 그간 익힌 스텝을 펼쳐 보였다.

'고다연, 할 수 있다!'

그런데 거울 속 나는 점점 쪼그라들어갔다. 젊은 외국 셔플러가 하던 동작들, 가벼움, 경쾌함, 박력, 그 압도적인 댄스 퍼포먼스와 비교하자니 번데기 앞에서 주름잡기가 이런 건가 싶었다.

'겨우 이 정도밖에 안 되나?'

허공에 대고 허우적거리는 것도 아니고 스텝도 아니고. 박장대소하는 댓글이 달릴 만했다.

해외 셔플러의 영상을 골백번 넘게 째려봤다. 동작 여러 개가 몇 초 만에 스르륵 지나가니 하나하나 쫓아가며 익히기가 어려웠다. 영상을 앞으로 되감으며 보고 또 보았다. 그러다 감이 오면 정지 버튼을 누르고 동작을 따라 했다. '이건 아니지.' 다시 재생 버튼을 누르고 되감기를 여러 차례 반복했다. 몇십 분 되는 영상을 1초에서 5초 간격으로 수백 번 보았지만 그래도 동작을 익히기가 어려웠다. 머리로 김이 모락모락 피어올라왔고 눈알이 빠질 지경이었다.

실력은 좀처럼 늘지 않았다. 굼벵이 기어가는 속도보다도 느렸다. 종일 서서 수십 명을 치료하다 기진맥진한 몸으로 연습하려니 30분도 집중하지 못했다. 어느 날은 잠깐 쉬려고 소파에 누웠다가 스르르 잠이 들어 버렸다. 부스럭대는 인기척에 놀라 깨어보니 한 시간이 훌쩍 지나 있었고, 화들짝 놀라 연습장을 빠져나온 적도 있었다. 몸이 파김치가 된 날은 퇴근 후 나도 모르게 집으로 향하기도 했다. 아차! 뒤늦게 차를 돌려 연습실에 도착했지만 졸음이 쏟아졌다. 결국 연습실을 눈앞에 두고 차 안에서 잠이 들어 버렸다. 깨고 일어나니 깜깜한 밤이라 집으로 돌아와야 했다. 코미디 시트콤에나 나올 만한 장면이었다.

이대로는 안 되겠다 싶어 연습실 대여를 한 달 연장했다. 어느 날 땀 뻘뻘 흘리며 동작에 심취해 있는데, 일찍 온 학원 회원이 내가 춤추는 게 신기하다는 듯 한참 쳐다봤다. 뒤에서 쯧쯧대는 표정에 뒤통수가 따가웠지만, 그럴수록 발만 쳐다보며 연습에 집중했다. 낑낑대는 내 옆에서 누군가 화려한 공작새처럼 줌바 동작을 펼쳐 보이면 나는 한없이 작아졌다.

한 달만 더 연습해 보자, 한 달만 더. 그러다 일 년이 흘러갔다.

환장의
독학 타임

주경야무. 낮에는 일하고 밤에는 춤추는 일상이 이어졌다. 안개가 자욱한 굽은 길을 더듬더듬 걸어가는 심정이었다. 멋들어진 동작이 '짠' 하고 나오면 좋으련만, 물어볼 사람도 가르쳐줄 사람도 없으니 갈팡질팡 혼자 헤매는 수밖에 없었다.

유튜브로 기본 동작만 익힌 상태에서 빠른 스텝을 시도하는 건 '가랑이 찢어지는 일'이었다. 지금이야 화면을 녹화해 0.6, 0.8배속으로 느리게 볼 수 있지만, 그때의 나는 기계치라 그런 걸 할 줄 몰랐다.

'후….'

달리 방도가 없으니 조급한 마음부터 내려놓았다. (춤을 배우는 게 아니라 도를 닦는 순간이었다) 1초씩 정지 버튼을 눌러가며 동작 하나만 반복해서 따라 했다.

'동작끼리 어떻게 이어지는 거지? 이 동작만, 이 부분만 익혀 보자니깐.'

1초간 영상 속 셔플러가 신체를 어떻게 움직이나. 그 찰나를 포착하려니 숨을 죽이게 됐다. 눈 깜빡할 새에 동작이 넘어가니 눈을 깜빡할 수도 없었다. 겨우 3분 남짓한 춤 동작을 1초씩 영상을 쪼개어 익히느라 시간이 오래 걸렸다. 걸어서 마라톤 완주하는 속도나 마찬가지였다. 느려도 완주라도 하면 또 그나마 다행이었다. 다른 길로 갈까 봐 걱정이었다. 머리로는 알겠는데 몸이 따라주지 않으니 환장할 노릇이었다.

한 시간 내내 난리 부르스만 추는 답답함을 어디에다 하소연해야 할지 몰라 며칠을 끙끙거렸다. 그러다 천신만고 끝에 하나의 스텝을 익히면 '됐다!' 소리를 질렀다. 기던 아기가 두 발로 걷기 시작했을 때보다도 나는 흥분했다. 물론 해외 셔플러처럼 현란하지는 못했지만, 비슷하게나마 재연했을 때 느끼는 쾌감이란! 누가 보기엔 굼벵이가 어쩌다 꿈틀대는 거겠지만, 나는 히말라야 정상에 다다른 듯한 정복감에 땀을 뻘뻘 흘린 상태로 손을 허공에 들고 외쳐야만 했다. "옴마, 나 해냈다!" 인간이 자기 한계를 뛰어넘을 때 느끼는 거대한 승리감에 도취했다.

  춤 실력이 느는 건 계단 오르기와 비슷했다. 일정 수준에 오르면 한동안 제자리 상태였다가 포기하기 일보 직전에 한 단계 위로 올라갔다. 그러다 다시 한 단계 높게 올라가기까지 오래 걸렸다. 이래도 안되고 저래도 안되다가 팔다리가 맞아 돌아가 완성된 동작이 나오면 나는 전율했다. 하나의 동작을 제대로 할 만큼 머리끝에서 발끝까지 완벽했다니. '유레카!'를 외친 아르키메데스의 심정을 이해하고도 남았다. 그러나 짜릿한 환희는 잠시뿐, 몸이 따라주지 않아 기분이 가라앉은 날이 더 많았다.

  산중의 산, 나에게 가장 험난했던 건 일명 '크록하크로스 더블 스텝'이었다. 말 그대로 크록하와 크로스 두 가지를 같이 하는 동작이었다. 초보인 내 눈에는 고무줄넘기와 달리기를 섞어 느리게 보여주는 묘기에 가까웠다. 분명 똑같이 했는데 뭔가 다르네? 어느 순간 춤 연습이 아니라 숨은그림찾기 놀이를 하고 있었다. 알 듯 말 듯 하던 어느 날 답을 찾았다. 머리 위에 알밤이 탁 떨어진 진 것처럼 '아! 이거다.' 하는 소리가 터져 나왔다. 뒷발을 두 번 움직여야 했는데, 외국 셔플러 스텝이 워낙 빠르다 보니 앞발을 움직인다고 착각했던 것이다. 꼬인 스텝이 풀리자 그때부터 몸에 엔진이라도 장착한 사람처럼 움직였다. 막힌 것이 펑 뚫리자 춤이 술술 나왔고 영상 조회 수도 쑥쑥 올라갔다. 어느 날 눈을 떠보니 영상 조회 수가 5만이었다. 엥? 갱년기라 눈이 침침해 헛걸 보았나 싶었다. 5에다가 0이 4개. 가만 있어 봐. 일, 십, 백, 천, 만, 오만이었다. 오만 명이나 되는 사람이 내 영상을 본다고? 왜? 갱년기 겪을 나이에 저리 뛰어도 관절에 무리가 없나, 연골이 닳아 없어지는 건 아닌가, 걱정하는 건 아닌 것 같았다. 그렇다고 이제는 내 춤사위가 박장대소할 만큼 웃겨서도 아닌 것 같았다.

나이를 알 수 없는 여성이 노을을 등지고 도로 한복판에 서 있다. 석양 한가운데 서 있는 그녀의 실루엣. 검은 생머리에 선글라스를 쓰고 입을 다문 모습이 어딘가 신비스럽다. 의상을 보아하니 티셔츠에 블루진, 신발은 스니커즈를 신어 자유로워 보인다. 갑자기 8090 시절 디스코텍에서 디제이가 손바닥으로 LP판을 문지르며 틀던 음악이 흘러나온다. 여성은 검은 생머리를 허공에 휘날리며 스텝을 밟는다. 다리를 바닥에 콕콕 찍었다가 앞뒤로 움직인다. 그러다 양옆으로 비틀기까지 한다. 전문 댄서는 아닌데 제법 춘다 싶다. 영상 말미에 알게 된 사실… 가만, 나이가 55세라고? 몸이 서서히 삐거덕거릴 나이에 대단한데? 그런 의외성과 놀라움에 내 영상을 보지 않았을까 싶었다.

"못 본 사이 발놀림이 엄청나게 현란해졌네요."
"신나게 추네요. 덕분에 나도 신납니다."
"내공이 장난 아닌데요. 부럽습니다."

폭죽 터지는 소리가 귓가에 울리기 시작했다.
"고다연 드디어 해냈구나! 이제부터 시작이다."
영상에 달린 댓글에는 스트레스가 풀린다는 반응이 가장 많았다. 춤의 힘이 그런 것 아닐까? 마음의 짐처럼 등에 업고 있던 걱정을 내려놓고, 가벼운 댄스 음악에 그저 몸을 맡겨 본다. 리듬이 내 몸을 서서히 휘감고 두드리면, 그 신나는 바이브 속에 '나'를 풀어준다. 아기가 음악을 듣고 엉덩이를 들썩이고 허공에 팔을 휘젓듯이, 몸이 흥을 '느끼는 대로' 반응하는 거다. 돈 걱정, 일 걱정. 걱정이란 걱정은 죄다 내려놓고 리듬을 따라 몸을 움직일 때 '나'는 가장 가볍고 자유로운 존재가 된다. 춤추는 아줌마 영상을 보기만 해도 기분이 좋아진다니. 춤이야말로 시간이나 장소에 구애받지 않고 누구나 즐길 수 있는 일탈 아닌가. 단순할수록 행복하다는 인생 진리를 몸소 느끼게 하는 일탈.

영상 조회수는 고공행진을 기록하며 오백만 뷰까지 치솟았다. 팔로워도 점점 늘어 꿈의 숫자 1만에 이르렀다. 와, 1만 명씩이나! 그때부터 마음이 와글거리기 시작했다. 너도 나도 되고 싶다는 인플루언서가 되는 건가? 그럼 자동으로 수익이 나면서 춤으로 돈을 버는 건가? 나는 김칫국부터 마시고 들뜨기 시작했다. '눈뜨고 일어나니 어느 날 스타가 되었다'는 게 이런 건가. 소위 말하는 '대박'이 나에게도 오려나 싶어 흥분이 일었다. 그러나 영상 조회 수가 늘고 팔로워가 늘어도 크게 달라지는 건 없었다. 간혹 신발을 협찬할 테니 신고 춤을 추어달라는 제품 홍보 의뢰가 들어왔지만 내키지 않았.

'뭐야? 돈 벌고 싶다며? 이런 거 하면서 물건도 파는 게 온라인 수익화잖아.'

흥겹게 춤을 추다가 갑자기 '이 상품 좋아요.' 하며 물건 들이미는 게 불편했다. 뭐랄까. 머리로는 팔아야 한다는 걸 알겠는데 막상 물건을 들이밀자니 '나' 같지 않았다. 몇 개월 전 우스꽝스러운 댄스 영상을 올릴 때보다도 몇 배 거북스러운 일이었다.

춤은 춤이고 수익은 수익이었다. 두 개는 분리된 상태로 따로 놀아야 했다. 나는 '얼마를 벌까'가 아니라 '어떻게 출까'에 온갖 신경이 쏠려 있는 사람이었다. 리듬에 몸을 맡긴 채 나를 풀어줄 때 가장 나다웠다. 내 춤을 보고 누군가 대단하다 인정해주면 배시시 웃음이 났다. 연습할 때 엔돌핀이 솟구치고 뜨거운 피가 온몸을 달굴 때 나는 '나'로서 살아 움직였다.

인플루언서가 된 뒤에도 연습을 꾸준히 이어갔다. 몇 달이 흐르고 어느 단계에 다다르자 춤이 제자리에 머물렀다. 돌파구가 보이지 않는 정체 구간. 그래서 다음은? 어디로 가야 하지? 일 방향 도로를 달리다 어느 순간 여러 갈래로 나뉘는 교차로 한복판에 멈췄다. 매일 댓글부대의 헹가래에 신이 나긴 했지만, 환희에 취하는 것도 잠시뿐이었다. 나이나 체력이 지닌 한계 때문일까? 연습을 아무리 해도 춤사위가 눈에 띄게 늘지 않았다. 거울 앞에 서서 나를 바라보았다. 난 무엇이 되려고 춤춘 걸까? 커다란 물음이 나를 가로막고 있었다.

몸이 흠뻑 젖을 정도로 연습을 하다 멈추고 거울 속 나를 바라보았다. 숨이 차 헉헉대는 내가 보였다. 프로 댄서가 될 것도 아닌데 무엇을 위해 연습에 매달려 왔을까? 무엇을 위해서?

춤꾼? 치료사?
아줌마의 커밍아웃

인스타 팔로워가 점점 늘면서 나는 '셔플언니'라는 닉네임으로 알려지기 시작했다. 영상 속 언니는 싱글벙글 활기가 넘쳤다. 그런데 영상 밖에서 언니는 울음이 터지기 일보 직전이었다. 셔플언니로 알려질수록 발을 동동 굴렀다. 한창 연습하다가 KO 당한 사람처럼 마루바닥에 벌러덩 드러눕기까지 했다. 겉보기에 셔플언니는 신나게 스텝을 밟고 있지만, 실상은 자신과 사투를 벌이는 중이었다. 영상을 계정에 올려야 하는데 춤이 영 마음에 들지 않았다. 날은 컴컴해지는데 집안일은 쌓이고 몸은 맘대로 움직이지 않으니 애가 탔다. 완벽을 추구하는 미치광이 예술가라도 되어 버린 걸까? 화가로 치자면, 내일이 전시회인데 공들여 그린 그림이 마음에 들지 않아 갈기갈기 찢어 버리고 싶은 심정이랄까? 울며 겨자 먹기로 촬영을 마무리했다. 이러지도 저러지도 못한 채 현상만 겨우 유지하는 상황. 몸을 사정없이 흔들면서도 공회전한다는 생각에 힘이 빠졌다.

'나는 왜 춤을 추는 거지?'

어느 순간부터 나는 홀딱 반해 버린 영상 속 셔플러처럼 신의 한 수 같은 춤을 선보이려 애를 썼다. 고수의 가면을 쓴 채 '다들 봤지, 나 잘난 사람이야.' 하며 뻐기고 싶어 안달이 났다. '너무 멋있어요. 최고예요.' 띄워주는 말 속에 공중부양이라도 하고 싶었나. 전문 댄서라는 페르소나로 나를 덮어씌울수록 의지대로 작동하지 않는 무언가에 지쳐가기 시작했다. 발버둥 칠수록 나를 잃어갔다. 그런데 생각해 보면, 나는 타고난 춤 신동도 아니고 인생을 반 가까이 물리 치료사로 살다가 춤에 막 빠져든 늦깎이가 아닌가. 춤으로 돈을 버는 것도 아니고, 명성을 얻을 것도 아닌데 대체 나는 왜 이 야밤에 헉헉대며 안

간힘을 쓰는가. 춤으로 무엇을 나누고 싶은 걸까.

어느새 나는 춤으로 내 몸을 묶어 버렸다. 멋지게 보이려 나를 닦달할수록 몸이 무거워지고 스텝이 엉켜 버렸다. 남과 나를 비교할수록 쪼그라들고, 허영에 빠진 내가 보였다. 별 다섯 개 호텔이나 비싼 레스토랑 음식 사진이 즐비한 인플루언서 계정처럼 내 계정도 '번지르르'하게 도배하려 했다.

'고다연! 더 현란한 동작을 보여줘 봐! 더! 더!'

욕망에 쫓겨 속도를 올리고 끝없이 질주하다가는 '사고'가 날 것 같은 위기감이 들기 시작했다. 이건 아니야, 나를 위한 게 아니야, 내 안에서 경고음이 울렸다.

'그래 이건 내가 아니야. 포장하지 말고 진짜 나를 보여주자. 우상이 되려고 애쓸 필요는 없어. 사람들은 옆집 아줌마 같은 사람이 폴짝폴짝 뛰면서 노력하는 모습에 박수를 보낸 거잖아.'

나는 나로서 춤추기로 결심했다. 쉰 살 넘은 아줌마이자 물리 치료사로. 푸르스름한 의료 작업복에 '고다연 실장'이라는 명찰을 단, 내 일상을, 그런 나를 드러내기로 했다. 근사한 배경을 찾아다니거나 새 옷을 사 입을 것도 없이, 병원에서 일하는 모습 그대로를 담기로 했다.

병원에서는 한 시간가량 점심시간이 주어졌다. 밥을 먹고 나면 물리 치료사 동료들은 침대에 누워 곯아떨어졌다. 오전에 일하느라 방전된 몸을 충전시켜야 했다. 혹여나 자는 데 방해가 될까 싶어 까치발 든 심정으로 몰래 영상을 찍으려 했다. 휴대 전화를 한 곳에 고정한 채, 음악을 최대한 작게 틀고 슬금슬금 스텝을 밟았건만, 결국 우당탕탕! 소리를 내고야 말았다. 턴 동작을 하고 팔을 휘두르다 기물을 건드리기 일쑤였다. '아, 뭐야.' 안대를 벗고 나를 쳐다보는 눈빛들. 무안해 어쩔 줄을 모르다가 친한 직원에게 빵을 건네며 용기를 냈다.

"저기, 영상 하나 찍어주면 안 돼? 십 분이면 되거든."

"춤 추시려고요? 좋아요. 대신 한 방에 가야 해요. 한 방에."

그런데 장소가 낯설어서 그런지 한 방으로 끝나지 않았다.

"아, 화면에 휠체어가 나오잖아. 그러면 경쾌하지 않지. 다시 한 번만."

누군가 문을 덜커덩 열고 들어오질 않나, 이번이 마지막이다 싶으면 동작이 박자를 엇나가질 않나. NG가 연달아 일어나자, 이삼 십 분이 후딱 지나갔다. 동료는 눈꺼풀이 내려오면서도, 될 때까지 용쓰는 내 모습이 짠한지 군말 없이 찍어주었다.

물리 치료사 복장으로 영상을 찍으려니 영 어색했다. 정형

외과 물리 치료사로 첫 대면이었으니 인사부터 해야 했다. 치료실 책상 앞에 놓인 척추 모형과 나란히 서서 내 소개를 했다. 영상 아래 글도 남겼다.

제가 댄스학원에서 연습하는 영상을 자주 올려서, 저를 댄스 강사로 생각하셨나요?
저는 병원 근무 30년차 물리 치료사입니다.
집과 직장만 알던 사람이 인스타를 하면서
내가 좋아하는 게 도대체 뭔가? 찾기 시작했어요.
그러다 문득 춤추고 싶은 본능이 되살아났어요.
처음에는 재미로 시작했는데, 할수록 진짜 잘 추고 싶다는 욕심이 생기더라고요.
제 영상이 웃음과 용기를 준다면 좋겠다는 맘으로 춤을 연습하고 있어요.

사람들은 가슴 뛰는 일을 찾으라고 말하죠.
오십 중반이 넘었는데 뭐 얼마나 가슴 뛰는 일이 있을까 하다가도 다 굳어 뻣뻣한 몸을 이끌고 조금씩 달라지는 춤사위에 행복한 거 있죠.

전 정말 좋아하는 일을 찾은 것 같아요.
우리 님들은 어떠신가요? 좋아하는 일 잘 찾아보고 계신가요?

글을 올리고 나자 말 못할 비밀을 털어놓은 듯했다. 마음이 종잇장처럼 가벼워지면서 이어지는 댓글에 나풀거렸다.

"항상 몸 쓰는 일을 한다고 하셔서 공장에 다니신다고 생각했죠."
"춤과는 거리가 먼 외모인데, 춤을 추시다니 반전 매력이네요."
"언니한테 물리 치료 받으면 신나겠어요."

직장생활에서 벌어지는 상황을 설정하고 영상을 찍으니 상황에 맞는 동작을 골라 추게 됐다. 일에 묶여 화장실에 통 가질 못하고 참는 상황이라면, '미치고 펄쩍 뛸 노릇'을 몸으로 표현했다. 동료와 사소한 말다툼을 했다면, 일명 '사과춤'을 추었다. 문워크에서 파생된 사과춤은 아래와 같은 안무로 흘러갔다.

1단계 사과를 두 손으로 든다.
2단계 문워크를 추며 슬금슬금 뒤편에 있는 동료에게 다가간다.
3단계 동료에게 등을 보인 채, 손에 쥔 사과를 내민다. (이때 중요한 건 고개를 동료에게 돌리지 않은 채 사과를 건네야 한다는 거다. 그래야 미안함, 쑥스러움이 배가 된다.)

4단계 동료는 사과를 받고 어리둥절하다는 표정을 짓는다.

환자가 쉴 새 없이 몰아치는 금요일에는 일명 '정신없는 춤'을 추며 이리 뛰고 저리 뛰면서 정신이 혼미한 상태를 표현했다.

1단계 이거부터 할까? : 몸이 왼쪽으로 쭉 미끄러진다.
2단계 아니 저쪽부터? : 몸이 오른쪽으로 쭉 미끄러진다
3단계 아냐 아냐 : 스텝이 돌고 돌아 몸이 360도 마구 회전한다.
　　　(돌아버리겠다는 듯)
4단계 으악 : 누가 목덜미를 잡은 것처럼 어깨가 한쪽으로 쏠리면서 끌려가는 듯 스텝을 밟는다.

점심을 과식한 날에는 일명 '털기춤'으로 몸에 쌓인 피하지방을 탈탈 털어낸다. 코에 걸면 코걸이, 귀에 걸면 귀걸이라고 춤명은 갖다 붙이기 나름이었다. 일상을 사는 모양새 그대로 춤을 추자 어느 순간 몸이 깃털처럼 가벼워졌다. 잘 춰야 한다

는 압박에서 벗어나 즐기자는 경쾌함에 절로 흥이 났다. 몇 달 전까지만 해도 점심시간이면 피로를 호소하며 몸이 침대 위에 전사하듯 쓰러지곤 했는데 이제는 점심시간이 기다려졌다. '오늘 뭐 먹을까?' 보다 '무슨 춤을 출까?' 하며 춤 메뉴를 고르는 재미가 컸다.

발레 강수진, 피겨 김연아,
셔플에는 고다연

어느 날 함께 인스타그램을 배운 동기에게서 연락이 왔다.

"이번 달에 인스타에서 사과즙으로 50만 원 수익이 났어."

동기의 계정은 팔로워가 3천 명인 실속 있는 알짜 가게였다. '사과즙 파는 가게'라는 간판을 걸고 매대마다 상큼한 사과즙을 진열해 선보였다. '와 신선하겠다, 사서 먹고 싶다.' 방문객이 입맛을 다실 만큼 계정을 똑소리 나게 운영했다. 처음엔 동기가 나를 부러워했다. 1만 팔로워! 한 공간에 1만 명이 바글거릴 정도로 관심을 끄는 춤추는 아줌마의 저력을 부러워했다. 하지만 온라인에 건물을 지어 수익을 낸 건 셔플언니가 아니라 사과 파는 언니였다.

"와, 잘됐다. 열심히 하더니 결국 해냈네."

축하한다는 말을 건네면서도 마음은 뒤숭숭했다. 그런 내 마음을 아는지 모르는지 동기가 입을 열었다.

"셔플댄스는 그 정도로 하고 너도 '스마트 스토어' 공부해. 수익이 나니까 너무 신나."

"그러게. 그래야 할까 봐."

의기소침해져서 귀가 얇아진 나는 실제로 스마트 스토어 강의를 덜컥 결재해 버렸다. '그래, 춤은 이 정도 했으면 됐지.'

동화 속에서 환상과 모험의 여행을 마치고 현실로 돌아온 듯했다. 구름 속을 떠다니다가 드디어 땅에 착지한 기분이랄까. 짜릿했던 인생의 한 페이지는 이쯤에서 접고 새 페이지를 열어야 한다고 생각했다. 셔플언니가 된 나, 춤추며 웃고 설레던 나와 이별해야 했다. 춤과 작별을 앞두고 나를 다독였다.

'노래방에서 흥 제대로 돋울 만큼은 됐잖아. 이제 돈 버는 공부하자. 온라인 건물 번쩍번쩍하게 지어야지.'

집에는 돈 벌어오겠다고 큰소리치고 영상 조회 수를 증서처럼 내밀었지만 사실 수입은커녕 연습실 대여비만 나가는 상황이라 할말이 없었다. 남편과 아이들에게 미안했다.

연습실을 빌린 지 일 년이 넘어가는 시점에 나는 대여를 중단하기로 했다. 몇 개 없는 짐을 가방에 넣고 연습실을 둘러봤다. 퇴근 후 발길이 향하던 곳. '엄마'도 아니고 '물리 치료사'도 아닌, '나, 고다연'으로 살게 한 아지트. 셀 수 없는 헛발질 끝에 댄싱 다연이 태어난 고향. 허무하게 저물던 일상에 설렘을 불어넣은 곳.

'나는 나이 오십이 넘어 연습실에서 인생의 봄을 마주했었구나. 여기서 지친 삶을 심폐소생 했구나.'

더는 이곳에 오지 않는다고 생각하니 연습실과의 이별이 소중한 이와 헤어질 때처럼 애틋해졌다. 나를 믿고 기다려준 한 사람을 떠나보내듯 작별 인사라도 해야 했다. 여기엔 나밖에 없는데 허공에 대고 악수하고 포옹이라도 해야 떠날 수 있을 듯했다.

"연습실아, 그동안 고마웠다. 거울아, 그동안 어설픈 춤 보느라 힘들었지? 애썼어. 고마워. 나는 스마트 스토어 공부하러 갈 거야. 언젠가 다시 올게. 잘 있어."

허공에 대고 손을 한참 흔들고는 몸을 돌려 입구로 향했다. 연습실 문고리를 잡고 돌리는데 손이 겉돌았는지 힘이 빠졌는지 문고리가 돌아가지 않았다. 다시 손아귀에 힘을 주었지만 그래도 문이 열리지 않았다. 이제 그만하겠다고 나가야겠다고 결심했는데, 나가면 되는데 손이 헛바퀴를 돌았다. 내가 왜 이러지…. 연습실에서 발이 좀처럼 떼지질 않아 십여 분간 그 자리에 서 있었다. 눈시울이 뜨거워지더니 눈물이 볼을 타고 흘러내렸다. 한 방울 두 방울. 그러다 주체할 수 없이 눈물이 쏟아져 내렸다. 닫힌 수문이 열린 것처럼, 내 안에 눌려 있던 무언가가 터져 나오듯 흐느껴 울었다. 거울 앞으로 다가갔다. 흐릿한 시야 속에 눈물이 번지고 일그러진 얼굴이 보였다. 거울 속의 나에게 물었다.

다연아, 너는 돈을 많이 벌고 싶어?
너는 무엇을 좋아해?
무얼 할 때 제일 행복해?
어떻게 살고 싶었어?

눈물과 함께 질문을 쏟아내자 마음을 휘저었던 파문이 잠잠해졌다. 울고 난 뒤 눈동자는 비를 한차례 쏟아낸 하늘처럼 맑았다. 나는 거울 앞에 말없이 서 있었다.

나는 셔플을 연습하는 이 순간이 행복해.

힘들고 버겁고 춤도 별로 나아지지 않아도 이 순간이 그냥 좋아.

돈 버는 것보다 셔플 연습하는 게 더 좋아.

사람들이 내 춤을 보면 웃음을 되찾고 용기가 생긴대.

그래서 자기도 좋아하는 일에 도전하고 싶다고 하잖아.

너는 원래 누군가에게 용기를, 희망을 주고 싶어 했잖아.

근데 말이야.

춤을 왜 내려놓아야 하지? 왜 그래야 하는 건데?

내가 좋아하는 일, 잘할 수 있는 일에 도전하면서 살고 싶어 했잖아.

그게 가장 나다운 삶, 용기 있는 삶일지도 몰라.

나는 나답게 살고 싶어. 그럴 때 제일 행복해.

깊이 묻어둔 마음을 꺼내 내가 나에게 보여준 느낌이랄까. 내 인생에서 가장 나다운 나를 맞이한 순간, 나는 결정했다. 다시 연습실을 연장하고 춤을 추겠노라고. 더 나아지는 모습을 보여주면서 희망을 전하겠노라고. 원 없이 울어서일까? 마음이 찌꺼기 없이 홀가분해졌다. 몸이 새털처럼 가벼워졌다.

마음이 변할까 봐 나는 얼른 나만의 캐치프레이즈를 만들었다. 거울 속 나를 보며 큰소리로 외쳤다.

"발레에는 강수진, 피겨에는 김연아. 그렇다면 셔플에는 고다연이 있다!"

단전을 지나 가슴 밑바닥부터 올라온 외침이 밖으로 터져나와 메아리쳤다. 나와의 다짐이자 선언이었다. 나는 몇 번이고 외쳤다. 잊지 말자고 흔들리지 말자고.

2년 전만 해도 내가 셔플 댄스에 빠져버릴 줄, 댄싱 다연이 될 줄 꿈에도 몰랐다. 더뎠지만 마음이 이끄는 여정을 따라 더듬더듬 나아가다 보니 어느 날 연습실에서 얼기설기 동작을 따라할 수 있었고, 댄싱 다연으로 성장해 있었다. 경쾌한 리듬에 맞춰 스텝을 밟는 순간이 가장 나다웠음을 펑펑 울고서야 알았다. 나다운 인생을 사는 건 용기와 결단 없이는 불가능했다. 누군가에겐 무모한 일일지라도 그걸 할 때 가장 나답고 행복하다면, 바보같은 용기로 지켜내야 했다. 앞뒤 안 가리는 과단성. 그 바보같은 용기가 셔플언니를 살려낸 셈이었다.

춤에 빠진
중년들의 고충

연습실에서 달밤의 댄스를 이어갔다. 낮에는 환자를 치료하고 밤에는 플로어를 누비는 셔플러로 살아갔다. 그 와중에 노후에 먹고살 궁리를 놓아 버린 건 아니어서 스마트 스토어 강의도 들었다. '이거다!'라는 번뜩임은 아니었고 이미 결제를 했으니 한 달간 들어나 보자는 심사였다. 그런데 시간이 지날수록 나는 속으로 말했다.

'난 이걸 할 수 없어. 없어. 없어.'

몸 가는 곳에 마음이 간다고 셔플댄스에 이미 발을 담근 터라 강의가 와닿지 않았다. 물건 팔아서 떼돈을 버느니 차라리 병원에 오래 다니면서 댄싱 다연으로 사는 게 나다웠다. 생각을 일단락 짓자 불필요한 짐을 덜어낸 듯 몸과 마음이 가벼워졌다. 무대 위의 멋진 마돈나를 꿈꿨지만 무리해서 현란한 동작을 지어낼 필요는 없었다. 사실 나는 무대 위 스타가 아니라 옆집 언니에 가깝지 않은가. 애 둘을 키우고 직장을 다니고, 그러다 짬을 내어 플로어를 누비는 언니 모습 그대로 인스타그램에 기록을 이어갔다.

하루는 팔을 양옆으로 벌리고 관절을 하나하나 꺾어가며 웨이브 동작을 연습했다. 얼핏 연체동물이 다리를 꿈틀거리는 모습과 흡사했지만, 연습을 영상으로 남기고 몇 자 끄적였다.

> 나로 살고 싶었지만, 아침에는 엄마로 아내로
> 출근해서는 한 명의 직원으로 살았네.
> 퇴근 후 연습실에서 춤추는 순간,
> 그 순간만큼은 비로소 다연으로 살았네.
> 나로서 살아 있는 한 시간, 목마름을 채웠네.

내가 나에게 하는 독백을 인스타그램에 남겼는데 그 짧은 글귀가 묘한 연결감을 일으켰다. 나를 누님으로, 옆집 아줌마로 대하는 댓글이 이어졌는데, 방문객들은 댄싱 다연을 보면서 자신을 마주하는 듯했다.

"항상 노력하는 누님, 정말이지 나이는 숫자에 불과할 뿐인 거 같아요."
"오늘 오징어 부추전 만든다고 바빴는데 드럼 20분 쳐야겠어요. 요즘 조금씩 늘어가는 모습에 혼자 만족하네요."
"저도 때론 저만의 시간이 필요한데, 다둥이 맘이라."

나이를 먹느라, 부추전을 부치느라, 애들을 먹이고 씻기고 재우느라 '나'를 잊고 살아온 중년. 그런 중년은 잃어버린 '나'. 그러니까 무언가에 아이처럼 설레는 '나', 꿈꾸고 도전하는 '나'를 되찾고 싶어 했다. 스텝을 밟으면서 생각했다.

꿈이 무엇이길래 나를 이토록 뛰게 하는 것일까?
나는 지금껏 경제적 자유를 위한 길만이 내 꿈이라 생각해 왔어요. 그걸 위해 자기 계발도 재테크도 엄청 했는데 결과는 그저 그랬어요.

흐지부지하다가 어쩌다 반짝 열을 내면서 만족했죠.
때론 만족하지 못해도 이 정도면 되었다고
자신과 타협하면서 세월이 흘렀네요.

그런데 내가 좋아하는 걸 찾다가
어이없게도 춤이란 걸 알게 되었죠.
춤추는 게 돈과 아무런 상관이 없어도
퇴근 후 지친 몸을 이끌고 뛰고 있는 나를 보면 웃음이 나오네요.
그래! 무명 댄서가 무엇에 쓰는 물건인지는 몰라도
그리 좋다면 신명나게 해보자!

꿈꾸는 댄싱 다연의 독백에 댓글이 줄줄이 달리기 시작했다.

"저도 고민하고 있어요. 즐겁게 할 수 있는 일이 뭘까 싶어서요. 응원합니다."
"아직 댄스는 도전 못 했는데 도전할 게 생겼네요."

사람들은 나를 응원하다가 덩달아 자신을 응원했다. 텅 빈 연습실에서 혼자 춤추는 셔플언니를 보면서, 웅크렸던 인생을 털고 일어나 새롭게 움직이려 했던 건 아니었을까. 그 무렵부터 셔플댄스를 가르쳐 줄 수 있느냐는 문의에 마음이 가기 시작했다. 예전에도 문의가 없진 않았지만 강의할 생각이 없었기 때문에 흘려보낸 터였다.

"저 직장인이에요. 유튜브에서 영상 찾아가면서 독학으로 셔플댄스를 익혔어요. 맨땅에 헤딩한 거죠. 동작 하나를 익히는 데 일주일이 꼬박 걸리기도 했죠. 그래도 마침내 해냈을 때는 금메달 딴 사람처럼 기뻤답니다. 유튜브 보면서 천천히 해보세요."

나는 강의를 거절하려고 답변을 건넸는데, 그게 오히려 상대의 가슴에 불을 지핀 것 같았다. 독학으로 이 정도면 더 어마어마한 거라며 나에게 꼭 배우고 싶다고 간청했다.

언제부턴가 문의 댓글이 가을 길 노란 은행나무처럼 무성하게 달렸다.

"댄싱 다연 님, 저도 셔플을 배우고 싶은데, 어디서 배울 수 있나요? 부산에 삽니다만, 서울에 올라갈 수도 있어요."

"네, 서울이요? 저, 전북 군산 살아요."

힙한 음악에 맞춰 춤추는 아줌마는 현란한 유흥이 넘치는 서울에 살 줄 알았나 보다. 내가 군산에 산다고 하니 군산이 어디 붙은 지역인지 몰라 놀라는 눈치였다. 춤을 배우겠다는 이들은 경기도, 경상도, 강원도, 거제도까지 전국 각지에 흩어져 있었다.

한곳에 모이기도 힘들었지만, 내가 가르칠 수 있는지도 의문이었다. 전문 댄서도 아닌데 내가 과연 춤을 가르쳐도 될까. 혹여나 기본기를 잘못 가르치는 건 아닐까. 내 춤 선이 빼어난 것도 아니고, 다들 펄펄 날아다닐 나이에 춤을 가르치는데 오십 대 중반, 여기저기 쑤시기 시작하는 나이에 댄스 강사가 될 수 있을까. 아무리 숙고해도 고개를 절레절레 저을 수밖에 없었다. 그런데도 그들은 내 바지 끝을 붙들 듯 늘어졌다.

"셔플을 추고 싶은데 가르쳐 주는 데가 없어요. 나이 오십은 어디 가서 춤 배우기도 애매해요. 동네 학원 가보면 다 이삼십 대고, 방송 댄스니 라인댄스는 따라 하면 호흡 곤란이 와요. 며칠 하다가 앓아누워요. 그러니까 셔플 언니가 가르쳐 줘요. 언니는 전문 댄서도 아니고 또 우리랑 또래, 옆집 언니니까 더 편해요."

듣고 보니 일리 있는 말이었다. 갱년기 고개를 넘어가는 여성들이 케이팝이나 브레이크 댄스를 추다가는 안 그래도 삐거덕거리는 몸에 탈이 나기 십상이다. 반면 셔플은 동작이 단순하고 반복적이라 진입 장벽이 낮다. 게다가 댄싱 다연이 헛발질로 독학하며 익혔다고 하니 몸이 맘대로 따라주지 않는 중년의 고충을 알아줄 거라는 논리다.

코로나가 유행하면서 화상 수업이 우후죽순 늘긴 했지만, 춤을 가르치는 화상 수업은 아무리 뒤져봐도 없었다. 영상을 미리 찍어서 공유하는 정도가 다였다. 그때 나는 전문 강사라기보다 셔플을 같이 즐기는 언니에 가까웠다. 동네를 산책하다 보면 아줌마들이 공원에 모여 함께 팔을 휘젓고 발을 구르며 체조에 가까운 춤을 추곤 했다. 춤으로 하하호호 마실 나온 듯한 모습이랄까. 내가 하는 수업도 흥이 날 정도로 신나면 그만인 거다. '그래, 즐거운 마음으로 재능 기부 한 번 해보자.' 가벼운 마음으로 수업을 열기로 했다.

제대로 도전하려면
새벽을 깨워

강의는 삼십 분만에 마감됐다. 무료이기는 했지만, 그래도 어설픈 무명 댄서의 수업이 매진(sold out)되다니! 나는 들뜨기 시작했다. 마흔부터 예순의 나이까지 중년 여성들이 이토록 셔플에 열광하다니! 댄스도 댄스지만, 댄싱 다연도 오십이 훌쩍 넘어 해냈으니 자신들도 셔플에 폴짝 뛰어들어 모험을 하고 싶었던 게 아닐까. 평균 수명이 늘어 백 세까지 산다면 오십은 인생 후반전을 시작하는 나이다. 인생 후반전이 내리막길이 아니라 오르막길이 될 수 있다는 것, 무얼 시작해도 늦지 않은 시기라는 걸 댄싱 다연이 증명한 셈이었다.

신청자에게는 셔플을 배우는 게 모험이라면, 나에게는 셔플을 가르치는 게 모험이었다. 댄스 자격증이 있나, 생전 누굴 가르쳐보기를 했나, 화상 회의 프로그램 줌(ZOOM)을 써보길 했나…. 강의 며칠 전 가족들을 모아놓고 연습했다. 각자 방에 들어가 컴퓨터를 켜고 줌에 접속했다. 나는 거실에서 컴퓨터를 켜고 모니터에 웹카메라를 달았다. 화면을 켜자 모니터 앞에 얼굴을 들이밀고 서성이는 내가 보였다. 웹카메라로 전신을 비추었다가 발동작을 할 때는 발을 비추며 감을 익혔다. 각자 방에 들어간 가족이 화면 속에 등장하자 내 목소리가 잘 들리냐고 물었다.

"어, 바로 옆방에 있는데 그럼 잘 들리지."

"아니, 그게 아니고 컴퓨터에서 나오는 내 목소리가 잘 들리냐고. 오디오 설정을 해야지."

"아, 잘 들려. 이상 없다 오바."

나는 화면 앞에서 헛둘 헛둘 구령을 외치고 시범을 보였다. 경매 공부 영어 공부를 하며 '자기계발러'라 자칭하던 엄마가 갑자기 춤을 독학하더니 이번엔 댄스 강사로 데뷔한단다. 일 벌리는 엄마가 이제는 놀랍지도 않은지 아이들은 만사를 초월

한 눈빛으로 화면 속 나를 쳐다봤다.

강의는 동트기 전 새벽 6시에 시작했다. 알람 세 개를 맞춰도 그때는 죽어도 못 일어난다는 둥 몇몇 항의가 일기도 했지만, 달리 방도가 없었다. 퇴근 후 무거운 몸으로 강의를 할 수는 없었다. 뭔가를 제대로 도전하려는 사람이라면 새벽을 깨우고 일어나겠다는 각오로 자신을 깨워야 하지 않나. 새벽 5시경 남편을 깨워 야반도주하는 사람처럼 부랴부랴 컴퓨터를 들고 집을 나섰다. 연습실 서늘한 공기에 몸을 담그고 이리저리 움직이는데, 인터넷은 왜 안 되고, 소리는 왜 그리 울리는지 컴퓨터와 실랑이를 벌였다. 다 됐다 싶었는데 또 다른 난관에 봉착했다. 화상 화면 속 배경이 어두워 컴퓨터 위치를 옮겨야 하는데, 콘센트는 왜 그리 먼지. 산 넘어 산이었다.

"잠도 못 자고 이게 무슨 꼴이야. 꼭 해야겠어?"

남편은 도와줄 건 다 도와주면서도 구시렁거렸다. 나는 듣는 둥 마는 둥 수업 준비에 속이 탔다.

6시가 되자 화면 너머로 덜 깬 얼굴, 부은 얼굴들이 하나둘 나타나기 시작했다. 신청자 가운데 절반이 참석했다. 내가 화면에 나타나자 다들 "댄싱 다연 님 맞아요?" 하며 놀란 눈치였다. 아뿔사, 머리는 부스스하고 화장기 없는 흐리멍덩한 얼굴에, 살짝 부은 눈. 웬 시골 아낙네 얼굴이 화면에 보였다. 영상 속 셔플 언니는 뭔가 베일에 가려져 시크했다. 선글라스를 쓰고 긴 생머리를 찰랑거리며 블루진을 입었었는데. 새벽이라 스타일이고 뭐고 신경 쓸 겨를이 없었다. 늘어진 셔츠에 무릎 튀어나온 트레이닝 바지 차림, 자고 일어나 그대로 달려 나온 듯한 모양새였다.

"아, 안녕하세요? 대, 댄싱 다연입니다. 반갑습니다."

무표정한 열다섯 명의 얼굴이 화면을 가득 채운 채 정적이 흘렀다. 순간 화면이 일시 정지된 게 아닌가 확인해보고 싶었다.

"자기 소개 한번씩 할까요. 오늘 처음이니까."

한 사람씩 돌아가며 이름과 사는 지역을 나누었다. 다들 잠이 덜 깬 건지, 첫 수업이라 긴장했는지 어째 분위기가 뻣뻣했다. 스트레칭으로 굳은 몸과 공기를 풀고 기본 동작부터 시작했다.

"셔플 댄스에서 가장 기본이 되는 런닝맨 동작을 해보겠습니다. 런닝맨은 전체 동작의 90퍼센트를 차지할 만큼 중요합니다. 제가 하는 동작을 잘 살펴보세요."

얼굴들이 점점 커지면서 화면 가까이 모여들었다.

"먼저 두 발을 동시에 앞뒤로 벌립니다. 그리고 가운데 제자리로 돌아와서 한 발 서기를 하는 스텝이에요. 한 발로 서려면 고관절을 세우는 게 중요해요. 뒷발이 빠지면서 앞발이 떨어지죠. 잘 보세요."

바닥에 청테이프로 선을 긋고는 천천히 시범을 보였다.

"벌리고 제자리, 벌리고 제자리, 벌리고 제자리로."

반복에 또 반복. 쿵쿵대는 스텝 소리가 화면 밖으로 흘러나와 연습실을 가득 채웠다. 나는 화면 가까이 다가가 열 몇 명의 동작을 살피기 시작했다. 눈동자가 부산스럽게 움직였다. 동작이 어쩜 이리 제각각인가. 몇 명은 곧잘 리듬을 탔지만, 몇 명은 아무리 해도 자꾸 엇나가 독창적인 스텝을 만들었다. 맘 같아서는 내가 화면 속으로 들어가 동작을 잡아주고 싶었다.

"자, 다시 한번 해볼까요? 그것도 아니야. 다시!"

차분했던 저음의 목소리가 점점 올라가더니 커지기 시작했다.

"아니 그게 아니고 이렇게! 이렇게!"

말이 빨라지면서 얼굴이 서서히 타오르기 시작했다. 셔플댄스는 쉽다며, 간단한 공식이라며 누구나 할 수 있다고 장담했는데 식은땀 뻘뻘 흘리는 상황이 되자 내 얼굴은 붉으락푸르락해졌고, 지목된 참가자는 여러 명이 지켜보는 가운데 점점 주눅이 들어갔다. 아, 이건 아니지. 셔플을 즐기자고 했으면서, 나도 모르게 군기 잡는 교관이 되어가는 게 아닌가. 호루라기를 불면서 지휘봉을 휘두르고 동작 봐라, 실시! 부르짖는 꼴이었다.

"자, 오늘 수업은 여기까지 하겠습니다. 각자 연습한 영상을 찍어서 카톡방에 올리세요. 그러면 제가 한 분씩 피드백을 남기겠습니다. 숙제를 하시는 분만 끝까지 같이 갈 수 있습니다."

창밖이 밝아질 무렵, 수업을 마치고 나는 부랴부랴 집으로 가서 출근 준비를 했다.

수강생들은 주방에서, 퇴근 후 거실에서, 안방에서 혼자 동작을 연습했고, 몸이 마음대로 움직이든 그렇지 않든 매일 영상을 찍어 단톡방에 올렸다. 잘하고 못하고는 중요하지 않았다. 새로운 걸 시도하고 익히려면 자신과의 다짐을 지켜나가는 게 중요했고, 셔플언니는 그 과정을 지지했다.

"잘했습니다. 그런데 허리를 너무 숙이니까 스텝이 무겁네요. 허리를 세워보세요."

"어제보다 훨씬 자연스럽네요. 그런데 좌우 발 위치가 바뀌었어요."

"그렇죠. 바로 그거예요."

여럿이 모인 단체 카톡방에 연습 영상을 올리는 건, 남들이 빙 둘러앉은 가운데 혼자 무대로 나와 춤추는 것과 같았다. 경쟁하는 분위기라면 주눅이 들고 자신감이 한풀 꺾이겠지만, 영상 하나가 올라올 때마다 수강생들은 서로 박수치고 등 두들기며 이끌었다.

"오, 언니 어제보다 스텝이 훨씬 가벼워졌네요."

"연습 많이 하셨나 봐요. 자연스러워요."

"부럽습니다. 저도 곧 따라갈게요."

화상이긴 했지만, 같이 땀 흘리고 헉헉대며 으쌰으쌰 하는 분위기가 전파를 타고 전해졌다. 힘들다고 투덜거리고 포기하고 싶은 사람도 털고 일어나게 할 만큼 끈끈했다.

네 번의 수업은 금세 끝났다. 처음에는 사십 분이 지나자 줌이 갑자기 꺼져서 식은땀을 흘리기도 했다. 무료 사용에는 시간제한이 있다는 사실도 모르고 시작한 수업이었다. 그런가 하면 어느 수강생의 화면은 90도 기울어져 있어 동작을 확인할 때마다 나도 고개를 90도로 꺾어야 했다. 꺄우뚱 기울인 내 모습이 웃긴지 여기저기서 깔깔거렸다. 줌 수업은 나에게도 수강생에게도 새로운 모험이었다. 각자의 모험이면서도 '우리'의 모험이기도 해서 함께 한 덕분에 무사히 마칠 수 있었다.

살던 대로 살면
재미가 없잖아

셔플을 춘다는 건 밋밋한 일상에 리듬과 생기를 더하는 일이었다. 음악이 흘러나오면, 자기도 모르게 몸이 런닝맨 스텝을 밟고 있다고들 했다. 누군가는 건널목 신호가 바뀌길 기다리면서, 거울 앞에서, 아무도 없는 엘리베이터 안에서, 일하다가 책상 밑에서 발이 껑충껑충 뛴다고 했다. 또 누군가는 런닝맨 동작을 완벽하게 익혔다는 사실만으로도 감격한 나머지 여우주연상 수상자 같은 소감을 내놓기도 했다.

"저는 본래 몸치였습니다. 춤추는 건 좋아했지만, 사람들이

제 춤만 보면 웃어서 숨고 싶었어요. 그러다 댄싱 다연 쌤을 알게 되었어요. 연습하는 영상을 찍어서 올릴 때마다 조마조마했죠. 땀 흘리고, 헉헉대는 저를 잘한다, 나아졌다 지지해줘서 용기를 내어 여기까지 올 수 있었네요. 눈물 나게 고마웠습니다."

그녀의 떨리는 목소리에 그걸 듣는 나도 수강생들도 눈시울이 붉어졌다. 애 키우고 밥 짓고 살다 보니 어느덧 중년 고개에 다다랐다. 소싯적엔 호리호리했는데, 군살이 붙어 몸이 둔해지고 갱년기가 찾아왔다. 인생이 이대로 저무나 싶을 무렵 셔플댄스를 만났다. 몸치라도 과연 셔플을 출 수 있을까 긴가민가했는데, '과연 될까?'가 '정말 되었다!'로 바뀌니 무언가 할 수 있겠다는 자신감이 솟구친다고 했다. 마지막 날 나는 화면 속 그녀들에게 손을 흔들었다. 인생길을 경쾌한 스텝으로 걸어 나가자며 응원하는 마음이었다.

서너 달이 흘렀다. 나는 다시 일상에서 연습을 이어갔는데, 잊을 만하면 추억의 수강생들이 찾아와 아쉬움의 댓글을 남겼다. 일상을 들썩거리게 한 셔플의 여운은 그녀들에게 오래갔다. 춤을 추면서 삶의 동력을 막 장착했는데, 이제 좀 신나게 달려볼 수 있겠다 싶었는데 여기서 끝이라니, 아쉽다며 유료 수업을 열어달라고 했다. 연극으로 치면, 1막까지 좋았는데 스토리가 절정으로 치닫는 2막이 열려야 할 때 갑자기 극이 끝나 버려 아쉽다는 얘기였다.

열렬한 반응은 고마웠지만 수업을 계속하긴 무리였다. 아침 7시에 수업이 끝나면 집에 와서 부랴부랴 아침을 차려야 했다. '온 식구가 모여 쌀밥에 아침을 든든히 먹어야 일이 잘 풀린다.'는 밥상머리 결속은 우리 가족의 일상에 중력처럼 작용했다. 그렇다고 퇴근하고 피로에 젖은 상태로 수업을 할 수도 없었다. 한 마디로 모든 경우가 '불가'했다.

"이제 기본기는 배우셨으니 열심히 연습해 보세요."

그런데 강의를 열어달라는 아우성이 내 마음을 마구 두드리던 어느 날 마침내 내 마음의 문이 열리고야 말았다. 한번 해봤는데 또 못할 것도 없다. 좋아하는 일을 더 잘하려고 할 때 내가 성장하고 타인도 덩달아 성장하는 기쁨이 컸다. 그 기쁨이 재능 기부에서 더 나아가 나를 경제적 주체로 거듭나게 한다면, 그것만큼 신명 나는 일이 있을까 싶었다.

유료 수업은 10분 만에 매진되었다. 돈을 받고 수업을 하니 '즐기자'라는 가벼움 위에 책임감이 부여되었다. 효과를 고려해 횟수를 늘리고, 쉬운 지도 방식을 찾아야 했다. 셔플댄스는 경쾌하고 가벼운 게 매력인데, 예전 한 수강생의 스텝이 봇짐진 사람처럼 유독 무거웠던 기억이 났다.

"아니, 체구도 호리호리한데 왜 그리 춤을 무겁게 춰요. 허리를 펴요."

나는 허리를 연신 가리켰다. 그때는 그녀의 구부정한 허리밖에 보이질 않았다. 그런데 돌이켜 보니 춤을 경쾌하게 추려면 허리만 세운다고 될 게 아니라 몸에 '바운스'를 가미해야 했다. 심장이 두근두근, 바운스 바운스 했다는 조용필의 노래 가사처럼 몸이 공처럼 탄력적으로 튀어 올라야 했다. 이를 '업바운스'라 한다. 구부린 무릎을 펴고 상체를 펴면서 에너지를 위로 발산시키는 동작이다. 그런데 댄스의 기본인 바운스도 제대로 설명하지 않고, 연신 허리만 펴라고 했으니 깡충깡충 뛰는 맛이 안 살았다. '아, 바운스부터 설명했어야 이해하기 쉬웠을 텐데.' 피가 되고 살이 되는 경험치를 토대로 수업을 열었다.

수강생들은 매일 연습한 동작을 동영상으로 찍어 단체 카톡방에 올렸다.

"으메, 나만 몸치인 줄 알았는디, 동생도 만만치 않구먼."

"와, 이 언니는 엄청 잘한다잉, 춤을 췄던 분인가보다잉."

며칠 지나니 언니, 동생, 친구 사이가 되었다. 수영장이나 헬스클럽을 다니면, 같은 기수끼리 어느 순간 끈끈해지면서

계, 친목 목임을 결성하고 매달 모여 식당에서 회포를 푼다. 여긴 서로 만난 적도 없는 온라인 수업이었지만 끈끈한 유대감이 서로를 끌어주는 동력이 됐다.

몇 주가 흘러 수업 마지막 날이 되었다. 그간 매일 같이 땀 흘리며 정들었는데, 오프라인 모임도 없이 끝내자니 아쉬워 만남을 갖기로 했다.

"마지막 주 토요일, 제 연습실로 모이세요."

"연습실이 어딘데요?"

"전북 군산에…."

다들 눈이 휘둥그레졌다. 거기가 어딘가, 어떻게 가야 하나 묻고 난리였다. 수강생 대부분은 서울과 대전 중부, 경상도에 흩어져 살았다. 다 모이면 대한민국 최초로 열리는, 전국 중년 셔플러 모임이었다. 멀어서 갈 엄두가 안 난다는 사람은 한 명도 없었다. 하긴 새벽 6시에 일어나 쌀 씻고 스텝 밟는 그녀들인데, 안되면 될 때까지 추는 그녀들인데 전북 군산이라고 못 올 것도 없지. 우주 끝이라 해도 찾아올 그녀들이었다.

오프라인 모임은 (분위기가 서먹하리라는 예상과는 달리) 이산가족 상봉을 방불케 했다. 어머, 언니구나! 보자마자 달려가 얼싸안는가 하면 반가움에 얼굴은 눈물 범벅이 됐다. 몇 주간 함께 새벽을 깨우고 이를 악물고 스텝을 배우던 사이. 같이 땀 흘리고 숨 고르며 정이 들어 버렸다. 그 정을 어떻게든 나누고 싶어 떡에 과자에 빵을 바리바리 싸와서 나누기 바빴다.

"자, 여러분 셔플댄스에 도전해 여기까지 왔는데, 이제 제대로 완성해야 하지 않겠어요. 계단 셔플로 우리 유종의 미를 거두어 봅시다."

"계단 셔플이요?"

"군산 월명동 공원에 군무를 출만한 계단이 있어요. 그 계단을 셔플 스텝으로 오르면서 즐겨 보자구요."

순간 침묵이 흘렀다. 가뜩이나 무릎도 아프고 다리에 알도 박혔는데 계단 수십 개를 오르내릴 생각만 해도 다리가 후덜덜 떨리고 머릿속이 아찔하단다. 허벅지 지지는 소리가 벌써 들린단다. 해외 셔플러들이 폴짝폴짝 계단을 자유자재로 타는 영상을 보긴 했지만, 걔네는 관절통 걱정 없는 젊은이들이 아닌가.

"아시죠? 할 수 있다고 생각하면 할 수 있는 거고, 할 수 없다고 단념하면 못 하는 거예요."

하소연을 잠재우고 연습에 돌입했다. 계단 셔플은 꽃게처럼 옆으로 착착 스텝을 밟아가며 계단을 오르는 방식이었다.

"하나 두울, 하나 두울, 오른발 왼발 오른발."

구령에 따라 계단 하나를 오를 때마다 숨이 차올랐다. 호흡을 가다듬고 다음 계단을 올라간다. 한 계단 한 계단 나아갈수록 다리가 후들거렸다. 그래도 한 걸음 또 한 걸음 나아가자 스텝에 자신감이 붙기 시작했다. 내가 나를 믿어주는 순간이랄까. '여기까지 왔구나. 더 가보자.' 나를 인정하는 마음이 동력이 되어 다음 계단을 오르고 또 올랐다.

관절이 약하다는 이도, 오다리라고 호소하던 이도 스텝에 익숙해졌다. 기본 연습이 끝나자 음악에 맞춰 연습하기 시작했다. 체조든 춤이든 리듬에 맞춰 신체를 움직일 때 그 동작과 똑 떨어지는 음악이 단짝처럼 있기 마련이다. 국민체조에는 호루라기와 구령이 어우러진, 학창 시절 운동장에 울려 퍼지던 '그 음악'이 안성맞춤이다. 관광 버스춤은 디제이 덕의 〈DOC와 춤을〉에 춰야 하고, 계단 셔플은 뭐니뭐니 해도 이 음악이 흘러나와야 제맛이다. 프랑스 가수 파스칼 레토블론의 〈프렌드십(friendships)〉이 그것이다. 반복적인 일렉트로닉 기타 멜로디는 중독성이 강하다. 게다가 몽환적이면서도 박진감이 넘쳐 듣는 순간 '계단 셔플에는 이 음악이다!' 하고 뇌에 쐐기를 박을 정도다. 아무튼 전 세계 셔플러들이 이 노래에 맞춰 계단 셔플을 춘다. 대개 관절염이 없는 십 대에서 삼십 대 셔플러들이긴 하지만…. 중년 아줌마들도 과연 해낼 수 있을까? 일말의 의심이 들면서도, 도전하겠다는 마음이 일어 황홀했다.

넘실넘실, 팔랑팔랑 몸이 음표처럼 가뿐해져서 계단 위를 오르락내리락 넘나들었다. 몇 분 지나지 않아 흥이 솟구치고 심장이 박동하기 시작했다. 이마에 땀이 송글송글 맺히고 심장은 터질 것 같은데, 그럼에도 한 스텝씩 나가고 또 나아갔다. 계단을 넘으면서 '나'를 넘어섰고, 여기저기 붉은 해 같은 얼굴이 계단 정상에 걸리더니 방긋방긋 발광하기 시작했다.

몇 시간이나 지났을까? 전원이 계단 셔플에 성공하자 여기저기서 탄성이 터져 나왔다. 기진맥진 가까스로 완주한 마라토너처럼 서로를 끌어 안고 울음을 터뜨리기도 했다. 젊은 사람만 추는 춤을 우리가 도전했고 해내다니! 견고한 벽을 깨고 새로운 세계를 마주한 감동에 젖어 나 역시 한동안 말을 잇지 못했다. 휴먼드라마의 마지막 장면을 본 듯한 여운이랄까.

"계단을 평소대로 오르면 지루했을 거예요. 살던 대로 살면 지루한 것과 마찬가지죠. 오늘 우린 셔플을 추면서 계단을 새롭게 올라갔어요. 나는 못해, 내가 어떻게 이걸 올라가 했는데, 리듬을 타고 안무를 더하자 흥이 나기 시작했죠. 첨엔 낯설었지만 하다 보니 재밌고 해내겠다는 오기가 생겼죠? 셔플로 계단을 오르듯이, 내가 즐거운 방식으로 살아 보는 건 어떨까요? 살던 대로 살지 말고 나다운 방식으로요. 남들과 다르더라도, 돌아가거나 조금 느리더라도 상관없답니다. 계단 끝에 오르는 순간, 모두가 아우성을 치고 환호했죠. 못한다고 했는데 해냈잖아요. 나를 믿어주세요. 나도 할 수 있다고 해냈다고. 이제 각자 인생에서 새로운 스텝을 밟아가세요. 나다운 방식으로 나아가세요. 그 여정을 혼자 시작하기에는 힘드니 우리가 같이 걸어온 겁니다. 이제부터 인생 2막 시작입니다."

인공관절이
웬 말이냐

수업 기수가 차곡차곡 쌓이기 시작했다. 첨엔 줌 화면에서 멀뚱멀뚱 얼굴을 내밀고 마주한 멤버들이 수업이 몇 차례 이어지다 보니 어느새 언니 동생 사이가 되었다. 알고 지낸 지 오래됐거나 허심탄회한 대화를 튼 것도 아닌데 말이다. 인생에 변화가 필요해 춤이라는 세계에 발을 들였다 만난 사이. 멤버들은 새벽부터 붓고 화장기 없는 얼굴로 서로를 마주했다. 화면 한 칸에는 이마에 내 천(川)자를 만들고 뱃살을 출렁이는 언니들이 스텝을 밟고 있었다. 저러다 숨 넘어가는 거 아니야? 조마조마하다가도 육중한 몸을 뒤흔들며 사투를 벌이는 모습에 응원의 박수라도 보내고 싶었다. 다른 화면 한 칸에서는 '지금 우리가 같은 동작을 연습하는 게 맞나?' 의심스러울 정도로 독자적인 춤을 추고 있었다. 그 모습을 보면 씨익 웃음이 나면서 나만 몸치가 아니라는 사실에 안심이 되었다. 잘 보이거나 가릴 게 없는 사이, 서로 밀어주고 끌어주다가 어느새 마지막 수업에 이르렀다.

몇 주가 흐르고 대전 오프라인 모임에서 얼굴을 마주하면, 누가 먼저랄 것도 없이 사는 얘기를 꺼내놓기 시작했다. 듣다 보면 눈물을 훔치고 코를 팽 풀어야 할 만큼 인생 영화가 따로 없었다.

"사실은 제가 암 말기인데요…."

"실은 살고 싶지 않았는데요…."

병실이나 방 한 칸에 갇힌 인생에 어느 날 셔플댄스가 찾아와 똑똑, 닫힌 맘을 두드렸다고 했다. 이게 뭐지? 춤이야 체조야? 이 사람은 누구지? 밋밋한 삶에 호기심이 발동하고, 해보고 싶은 맘이 움튼다는 건 겨울 속에 봄을 만난 것처럼 반가운 일이다. 마지못해 사는 생은 날마다 죽어가지만, 즐거워서 내일이 기대되는 생은 날마다 살아난다. 재미는 삶을 소생시키고 한 사람을 구제하는 만병통치약이다.

60대 박봉화 언니는 일명 뽕언니로 불렸다. 벚꽃이 거리에 흩날리던 봄날, 뽕언니는 우연히 중년 여인들이 무리 지어 춤추는 영상을 보았다고 했다. 뛰고, 돌고, 웃고 박수치는 그녀들의 모습이 봄날 흐드러진 꽃처럼 화사했단다. 하늘을 향해 있는 힘껏 봉오리를 터뜨리는 듯한 모습을 볼 때처럼 마음이 환해지고 설렘이 차올랐단다. 뽕언니는 청력장애가 있어 소리를 들으려면 애를 먹는 편이지만, 그날은 영상 속 모든 소리가 언니 안으로 흘러들어왔다고 했다. 발 구르고 박수를 치는 소리, '와' 환호하는 소리, 깔깔깔 웃음 소리가 가슴속에서 고동쳤단다. 이튿날 뽕언니는 무슨 배짱인지 셔플 댄스 수업에 덜컥 등록해 버렸다.

도전은 위대하나 첫걸음부터 위태로웠다. 런닝맨 스텝을 3분만 밟아도 뼈마디가 비명을 질러댔다. 꽈당 넘어진 것처럼 무릎이 붓고 바늘로 찌를 듯이 아팠다. 춤 추려다가 사람 잡겠다 싶어 부랴부랴 동네 정형외과를 찾았다.

"관절염이 심합니다. 뛰는 운동은 절대 하시면 안됩니다."

의사의 말대로라면 뽕언니는 공원을 살금살금 걷는, 동네 어르신 버전의 걷기 운동만 가능했다. 회복이 쉽지 않기에 조심스럽게 살라는 권고에 인생이 가라앉는 듯했다. 왜 이리 억울한 걸까. 뽕언니는 의사의 말을 받아들이기 어려웠단다. 그러다 환갑이 넘은 자신에게 제임스딘 저리 가라는 반항아 기질이 있다는 걸 뒤늦게 알았다. 이 나이에 이 몸에 안된다고 하는, 일종의 금기를 넘어서고 싶더란다. 삐거덕거리는 관절을 붙들고 맘 졸이는, 늙수그레한 여생을 보내고 싶지 않았다. 아이구, 허리야 무릎이야 끙끙대고, 방구석에서 화투나 두드리며 퍼진 상태로 자신을 방치하고 싶지 않았다. 크롭티에 청바지를 입고, 몸을 흔들면서 영상 속 그녀들처럼 인생을 활짝 만개하고 싶었단다.

'니들이 게맛을 알아?' 어느 원로 배우의 대사처럼 '니들이 나를 알아?' 반문하면서, 뽕언니는 '퇴행성 관절염'을 역행하는 작전을 펼치기 시작했다. 일명 인생 대전환 작전. 살면서 이토록 이를 악물고 무언가에 덤비듯 달리던 순간이 있었을까 싶더란다. 셔플댄스를 배우고 인생을 즐기려니 건강부터 되찾아야 했다. 주사, 약물, 물리 치료를 받고, 퇴행성 관절염에 좋다는 약을 몽땅 사다 놓고 챙겨 먹었다. 그런데 문제는 관절염이 아니라는 생각이 들었다는 것이다. 관절이 약한 게 문제가 아니라 관절이 70kg에 가까운 육중한 육체를 지탱하도록 자포자기하며 살아온 게 문제였다. 뽕언니는 누가 떠다민 것도 아닌데 헬스장을 다니며 숨이 턱까지 차오르도록 몸을 움직였다. 집에서는 컴퓨터 앞에서 셔플 동작을 따라 했다. 누가 살 좀 빼라고 시킨 것도 아닌데, 눈앞에 음식을 두고 등을 돌렸다.

3개월 후 뽕언니는 다시 병원을 찾았다. 몸과 마음, 걸음걸이 모든 게 가뿐해져 어떤 기대를 가졌다고 했다. 그런데 의사의 말은 전혀 예상 밖이었다.

"인공관절 수술을 해야 합니다."

"네?"

뽕언니는 자신의 귀를 의심했다. 믿기 싫었던 걸까, 믿고 싶지 않았던 걸까. 하지만 뽕언니는 인공관절에 남은 인생을 의지하고 싶지 않았다. 헐거워진 집 같은 몸에 나사 하나 바꿔 단다고 인생이 나아질 것 같지 않았다. 더는 병원에 가지 않는 대신 걷고 뛰고 스텝을 밟았다. 스스로 조이고 단련하며 인생 후반전에 필요한 발판을 마련해 나갔다.

땀을 한바탕 흘리며 여름이 지나갔고, 울긋불긋 단풍이 들기 시작했다. 하늘은 높고 말은 살찐다는 가을이지만, 시간을 역행한 뽕언니는 살이 빠졌다. 몸통을 열면 열수록 크기가 줄어드는 마트료시카 인형처럼 몸집이 점점 작아졌다. 그러자 피하지방처럼 삶에 불필요하게 들러붙던 것들도 저절로 제거되었다. 한숨, 걱정, 두려움이 줄어들수록 스텝은 가벼워졌고 깃털처럼 가벼워진 언니는 리듬을 타며 날아다니기 시작했다. 런닝맨 스텝부터 기초 스텝의 마지막인 찰스턴까지 해내더니 어느 순간부터는 크록하 스텝을 선보였다. 고수가 카드 수백 장을 손에 쥐고 트르륵 섞을 때는 손과 카드의 구분이 사라지는 착시 현상이 일어나는데, 뽕언니가 춤을 출 때도 마찬가지였다. 발이 보이지 않을 정도로 화려한 스텝을 선보이더니, 무릎 반동으로 어시장 활어 못지않게 몸을 펄떡였다. 춤 안에서 이토록 자유로울 줄이야! 싸이의 〈감동이야〉에 맞추어 셔플을 출 때면 뽕언니는 가사 속으로 빠져들었다.

오르락내리락 기복이 심한 몸
무대가 없었다면 나란 몸
마치 꽃이 피지 않는 그런 봄
인생이라는 무대 위에서
너와 나 우린 감동이야
너의 눈빛과 함성소리가 있는 곳이 내겐 Home이야
너와 웃고 울던 모든 순간이 내게는 봄이야

뽕언니는 어느 순간 인생이라는 무대에 반듯이 선 자신을 자랑스러워했다. 나이가 들어서, 몸이 쑤셔서, 귀가 잘 들리지 않아서, 그대로 저물 듯했던 인생에 찾아온 봄, 마음에 살랑이는 바람을 따라 한 걸음 한 걸음 내딛으며, 뽕언니는 따사로운 햇살 속으로 여전히 나아가는 중이다. 이제는 플로어를 누비는 셔플댄스 지도자로서 생기발랄한 리듬으로 인생을 변주하는 중이다.

자기 감옥에서 벗어나는
'된다!' 주문

시간을 거슬러 보면 물리 치료실에서 한숨을 푹푹 쉴 때부터 나는 책을 손에 들기 시작했다. 통증을 없애려고 약을 손에 쥐듯이 불안을 없애려면 뭔가를 붙들고 살아야 했다. 나에겐 그 뭔가가 책이었다. 허리케인 같은 고통이 삶을 뒤흔든 건 아니었다. 적당히 먹고살 정도였지만, 그렇다고 삶이 오뉴월 햇살처럼 따스하진 않았다. 늘 똑같은 일상이 이어졌다. 어제 같은 오늘, 오늘 같은 내일. 영화로 치면 처음부터 끝까지 같은 내용만 되풀이되는 셈.

그런 삶이 답답했고 자구책으로 책을 옆에 끼고 살았다. 어릴 때 말고 어른이 되어서 손에 들어온 책들은 거의 다 자기계발서였다. 다른 책들은 어렵기도 했지만 누군가의 성공 서적들은 지금의 현실을 더 좋은 곳으로 데려다 줄 것 같았다.

많은 책들 중에 특히 내 마음을 끈 책은 켈리최 회장님의 《파리에서 도시락을 파는 여자》였다. 온갖 역경을 딛고 성공한 켈리최 회장님의 스토리에 가슴이 뜨거워졌다. 거기에서 '백번쓰기'를 알게 되었다. 회장님은 지금도 백번쓰기를 하고 계신다고 한다. 특별히 비빌 언덕이 없던 나는 백번쓰기를 시작했다. 끝내고 나면 꿈이 이루어진 듯 기분이 좋았다. 그러면서 자연스럽게 '끌어당김의 법칙'과 '마인드' 관련 도서를 섭렵하기 시작했다. 유튜버 하와이대저택의 저서 《더 마인드》에서도 백번쓰기가 등장했다. 저자가 백번쓰기를 한 후 원하는 삶을 살게 되었다는 이야기가 쉽게 잊히지 않았다. 이전에 백번쓰기를 하다가 넣어둔 노트를 다시 꺼내 무작정 쓰기 시작했다. 내가 원하는 삶이 이루어지리란 기대만으로 가슴이 벅차서 나는 쓰고 또 썼다. 나는 무려 백번쓰기를 백 일 동안 여섯 번이나 했다. 따져 보니 육 만 번이나 되었다.

현실은 크게 달라지지 않았지만 그래도 쓰는 순간만큼은 다

이루어진 것처럼 행복한 웃음이 배시시 흘러나왔다

  책의 글귀가 마음에 훅 들어오면, 종이에 적어 부적처럼 벽에 붙여 놓았다. 그리고 종종 들여다봤다. 바람 빠진 공처럼 축 처질 때 주문을 외우듯 글귀를 읊조렸다.

  "잠재의식에 심고 정성으로 키우는 모든 생각들은 반드시 현실이 된다." 잠재의식이라…. 정신분석학자나 쓸 법한 단어라 처음엔 고리타분하게 다가왔다. 그런데 잠식의식이라는 게 알면 알수록 나를 손아귀에 놓고 쥐었다 폈다 하는 신처럼 절대적인 힘을 발휘한다는 걸 깨달았다. 잠재된 의식이 뭔가. '잠재고객', '잠재력' 할 때의 그 '잠재'. 그러니까 겉으로 드러나지 않고 속에 잠겨 있거나 숨어 있다는 뜻이다. 잠재의식이란 겉보기엔 모르겠는데 나도 모르게 머릿속에 뿌리박힌 생각이었다.

  바다 한가운데 거북이 등처럼 솟은 섬을 보면 고작 몇 미터 높이에 불과하지만, 실제 크기는 해저 몇백 킬로미터까지 내려간다. 잠재의식은 해수면 아래 잠긴 섬에 해당한다. 내 안에 뿌리박혀 나를 흔드는 생각이라고나 할까. 퇴근길 짙게 물든 노을을 보면 누군가는 황홀하다는데 나는 우울하다. 이게 다 잠재의식이 밑바닥에 깔려서 드는 감정이었다. 잠재의식은 어떻게 바꾸나 했더니 스스로 노력하는 수밖에 없었다.

되는 일 더럽게 없네. (X)
오늘도 사고 없이 무사히 마쳤네. (O)

이깟 월급으로 뭘 해. (X)
커피 한 잔에 빵을 사 먹을 수 있어서 좋다. (O)

 누가 보면 말장난이라 하겠지만 세상은 보기 나름이지 않은가. 검은 안경을 끼고 보면 암흑천지고, 무지개 안경으로 보면 사방이 오색찬란 무지갯빛이 된다. 이왕이면 주변을 좋게 봐야 살아갈 맛이 나는 법. '된다 된다 잘 된다!' 해야 마음이 가열되고 시동이 걸리면서 뭔가를 할 힘이 생긴다. 반대로 '되는 게 하나도 없네.' 하면 프로펠러가 멈춘 헬리콥터처럼 기동력을 상실해 버린다. 나중에는 문 밖으로 발 하나 내밀기도 힘들어진다.
 다들 '그걸 왜 해. 안 돼, 안 돼!' 떼창을 부를 때, 댄싱 다연은 혼자 '된다! 된다!'를 주문처럼 읊조렸다. 그 후로 인생이 서서히 풀리기 시작했다. 셔플에 도전했고, 춤을 추면서 스무 살

이후로 느껴본 적 없던 '설렘'을 되찾았다. 내일은 어떤 동작을 선보일까? 고무장갑에 몸뻬 차림으로 로봇 춤을 춰볼까? 원하는 대로 구상하고 시도하는 것만으로도 콧노래가 흘러나왔다. 게다가 좋아하는 일로 돈까지 벌게 되는 덕업일치가 실현됐으니 '된다! 된다!'가 어디까지 인생을 끌고 나갈지 끝장을 보고 싶다.

셔플 수업을 듣는 회원들은 사실 인생을 반백 년 이상 살아온 이들이다. 몇몇은 열심히 사는 것과 즐겁게 사는 것은 별개라는 표정으로 내 앞에 나타났다.

"사는 게 재미없어요."

"언제 내가 이렇게 배불뚝이가 되었는지 모르겠어요."

"텅 빈 집에 혼자 있다가 청승맞게 눈물이 날 때가 있어요. 그냥 서럽네요. 남편하고 대화도 없고 애들은 엄마를 거들떠보지도 않아요."

그들은 돌파구를 찾다가 댄싱 다연처럼 신나게 춤추면 인생이 나아질까 싶어 나를 찾아왔다. 그런데 수업을 하다가 어느 날 이런 생각이 들었다.

'춤이 좋은 계기가 될 순 있지만, 춤만 잘 춘다고 인생이 바뀌는 건 아니잖아.'

춤추며 안 쓰던 근육을 쓰고 굳은 몸을 풀면서 동시에 마음의 빗장도 사르르 열리길 바랐다. 중년은 인생의 내리막길이 아니라 '나'다운 여정을 시작하는 길목이었다. 그 길목에 놓인 디딤돌이 나에겐 셔플이고 독서였다.

그들에게도 마음 근육을 키우는 데 도움이 되겠다 싶어 독서 모임을 열었다. 참석자 가운데 덕순이 있었다. 덕순은 수업이나 모임에 좀처럼 얼굴을 비추지 않았다. 이름만 있고 얼굴은 없는 그녀. 누굴까 싶었는데 독서 모임에서 드디어 얼굴을 마주했다.

"안녕하세요?"

줌 화면 너머로 보이는 그녀는 눈썹 한 올 움직일 힘조차 없다는 표정이었다. 애써 미소를 짓는 듯하다가 얼굴이 이내 굳어졌다. 원래 무표정한 사람일까 싶었지만 그녀가 여기까지 오는 데에는 어머어마한 용기가 필요했겠다 싶었다.

독서 모임은 책을 읽고 느낀 점을 나누다가 인생사를 풀어놓는 장이 되었다. 걱정이나 신세한탄 말고, 좋아하거나 이루고픈 일을 나누자고 했다. 그러다 보면 등불이라도 손에 쥔 것처럼 마음이 환하고 뜨거워졌다. '나도 할 수 있다! 용기내어 보자!' 그렇게 서로 일으켜 세워주면서 원하는 미래로 한 발짝 나아가도록 북돋아 주었다. 모임이 거듭될수록 덕순의 얼굴은 미세하게 밝아졌다. 처음엔 동장군처럼 얼어붙어 있더니 얼마 지나자 눈을 깜빡였다. 골똘히 무언가 생각에 잠기기도 했다. 언젠가 이루고 싶은 꿈에 대해 말하다가 내 차례가 왔고, 나는 버킷리스트를 나누었다.

- 나이키 시니어 모델이 되다.
- 탄탄 2막 대학을 열다. 군산과 베트남 다낭, 하와이에 캠퍼스를 세우고, 셔플댄스와 복근 만들기, 나다움 찾기 교육을 한다. 중년들이 춤추고 공연하는 '핫한' 장소가 된다.

네? 시니어 모델이요? 하와이 캠퍼스요? 다들 눈동자가 휘둥그레졌다. 마치 꿈이 뭐냐는 질문에 '열기구 타고 달에 여행 가기'라고 말하는 꼬마를 쳐다보는 어른의 눈빛이랄까? 꼬마는 그럴 수 있다 치는데, 예순을 앞둔 댄싱 다연이 그런 꿈을 꾸다니, 순진하다 못해 허무맹랑한 꿈이라고 생각하는 것 같았다. 그런데 인생이라는 게 판타지 영화보다도 예측 불가다. 춤엔 일말의 관심도 없던 내가 '댄싱 다연'이 되어 문워크, 글라이드, 팝핀을 선보이며 온라인과 전국구를 누빌 줄 누가 알

앉겠는가. (앞으로 더 큰 일이 벌어지는데 책의 후반부를 기대하시라.) 생각의 크기만큼 행동이 달라지고 인생의 문이 열린다는 걸 몸소 체험한 나였다. 그래서 버킷리스트 속 꿈은 나에게 '그림의 떡'이 아니라 '거울의 떡'에 가까웠다. 일상의 반경 안에 있어 발 딛고 나아가다 보면 어느새 손에 떡하니 잡히는 꿈 말이다.

석 달 정도 책을 읽었지만 멤버들은 얼마나 불행한가에 대해서는 입을 열지 않았다. 누릴 수 있는 행복이 얼마나 큰지, 그 기쁨으로 마음의 부피를 채워나갔다. 마음이 한껏 부풀어 가던 덕순은 어느 날 장문의 글을 썼다.

"부모님 두 분이 세상을 떠나고 남편은 세상이 무너진 것처럼 슬퍼했습니다. 충분한 애도를 거치지 못하고 지냈죠. 그러다 얼마 뒤 건축주와의 문제로 큰 충격을 받았습니다. 소송까지 치르게 되었죠. (남편은 설계사입니다.) 남편은 삼사 년 전부터 시름시름 앓다가 어느 순간에는 아파서 꿈적도 못 했습니다. 병원에서 딱히 병명이 없다는데 송장처럼 누워서만 지냈어요. 죽고 싶다는 그의 말이 제게는 저주처럼 들렸어요. 몸도 맘도 아픈 사람과 살려니, 제 삶이 근저당 잡히는 것 같았죠. 남편에게 소리를 지르고, 누가 제 인생을 망가뜨린 것처럼 구겨진 얼굴로 살았습니다.

 살림은 점점 바닥나고 남편도 나도 병들어 가고. 인생이 나락으로 떨어지는 듯했죠. 누가 아파트에서 뛰어내렸다는 뉴스를 보면 베란다 난간에 서서 아래를 내려다보곤 했습니다. 나무 몇 그루가 바람에 일렁이더군요. 차라리 죽는 게 낫겠다 싶었지만, 부모님과 아이들 얼굴이 아른거려 그럴 수는 없었어요.

 몸이 커다란 추에 묶인 것처럼 나는 날마다 가라앉았습니다. 집 밖에 나가기도 힘들었고요. 속마음을 털어놓을 상대도 없었죠. SNS에서 사람들이 입고, 먹고, 여행지에서 노는 모습을 구경하는 게 유일한 낙이었어요. 지긋지긋한 방구석에서 잠시나마 눈 돌릴 수 있었으니까요. 어느 날 한 중년 여성이 발을 신나게 움직이며 춤추는 모습을 보았습니다. 뭐가 저리 즐거운 걸까요? 다른 공기, 다른 세계에 사는 사람 같았어요. 영상 아래에 자그마한 글귀가 보였어요.

 – 금요일, 치킨과 맥주의 유혹을 이기고 차분히 할 일을 해내어 감사합니다.
 – 칼바람 부는데 실내에서 일하니 감사합니다.

뭐든 '감사합니다.'로 끝나는 문장들이 첨에는 억지스럽다고 생각했어요. 그런데 읽을수록 와닿는 구석이 있었어요. 금요일 밤 쉬지도 못하고 일하면 짜증이 날 텐데. 칼바람이 불면 추워서 얼어 죽겠다고 툴툴댈 텐데. 그녀가 쓴 문장은 창틈을 비집고 들어오는 한 줄기 햇살 같았어요. '되는 일이라곤 없다.'라고 느끼는 일상에 희미한 행복이 스며들었죠. 아무 일 없는 하루도 감사할 거리가 되는구나! 골방 같던 마음 한구석이 환해졌습니다. 오랫동안 느껴보지 못한 편안함이었죠. 영상을 며칠 보면서 저는 조금씩 변해갔습니다. 반년 전과는 다른 사람, 지옥에서 탈출한 사람이 되었죠. 두 발을 신나게 구르고 폴짝폴짝 뛰면서 웃음을 되찾았어요. 힘든 시기를 무사하게 넘어온 남편에게 말하고 싶어요. 미안해요. 잘 견뎌줘서 감사해요."

인생 한복판에 털썩 주저앉아 있던 덕순. 하고 싶은 것도 살겠다는 의욕도 없던 덕순은 이제 털고 일어섰다. 자기 감옥에서 벗어나 인생에 불어온 신바람에 몸을 실었다.

덕순은 장기간 닫아둔 펜션을 쓸고 닦기 시작했다. 케케묵은 먼지를 털어내고 인생을 반짝반짝 빛낼 채비를 하는 중이다. 펜션 마당에서 세계 각국의 셔플러들과 춤추는 날을 그리며 오늘도 스텝을 밟는다. 이제 그녀의 마음은 마당처럼 널찍하다. 주변과 세상을 향해 활짝 열려 있다. 그 드넓은 마음에 희망을 가득 담아 살아가는 덕순. 그녀의 인생 2막에 펼쳐질 일들이 기대된다.

몸치라서 공연을 하게 된
이상한 콘셉트

 회원들은 춤을 배우게 되자 오랜 세월 묻어둔 흥 DNA를 다시 깨우고 싶어했다. 셔플댄스도 배웠으니 모임에서 뒤로 숨지 말고, 멋들어지게 흔들어 분위기를 띄우고 싶다고 했다.
 "춤추고 싶지 않은 게 아니라, 못 추니까 못 나가는 거죠."
 무슨 말인지 이해했다. 노래 잘하는 사람을 보면 '와 나도 노래 잘하면 장기자랑 할 때 한 곡 뽑겠다.' 하는 마음이 절로 생긴다. 그런데 박자가 어긋나거나 고음 부분에서는 돼지 멱따는 소리가 튀어나오니까 마이크를 못 잡는 거다. 흥을 돋우기는커녕 민망해질 테니까.

한 달 수업으로 회원들은 기본 동작을 어설프게라도 익혔다. 그랬더니 굳었던 몸이 슬슬 풀렸다. 방구석에서 추고 거실에서 추다가 동네 공터를 무대 삼아 셔플을 추기 시작했다. 영상 속 해외 셔플러처럼 야외를 누볐다. 푸른 초원을 무대 삼고 환한 햇살을 조명 삼아 구도를 잡았다. 산들산들 불어오는 바람 효과에 머리까지 나부낀다. 자연 한복판에서 한바탕 풍류를 즐기더니 잊고 지냈던 버킷리스트를 꺼내기 시작했다.

"야외에서 거리낌 없이 춤도 추는데, 우리 공연도 할 수 있지 않을까요?"

"공연이요?"

나는 눈을 동그랗게 떴다.

"버킷리스트에 '공연하기'가 있었나요?"

"당연하죠. 무대에 나와 춤 잘 추는 사람 보면 나도 그렇게 추고 싶죠."

"그럼 추면 되죠. 못할 게 뭐 있나요?"

공연이라면, 관중 앞에서 퍼포먼스를 선보인다는 뜻이 아닌가. 여러 사람 앞에서 말만 해도 떨릴 텐데. 옴마, 이 아줌마들 보소. 관객을 모셔놓고 춤을 추겠다고! 혼자 춤추는 영상만 찍어서 올려봤지 공연 무대에 오른 적은 없었다. 짤막한 춤 영상 하나를 공개해도 반응이 어떨지 조마조마한데 공연이라니! 무대에 도전장을 내미는 당당함에 내 마음도 꿈틀대기 시작했다.

막상 공연단을 모집하자 다들 주춤했다. '저요!' 하고 대뜸 손드는 이가 없었다. 아무나 신청하라고 했지만 아무도 신청하지 않았다.

"옴마, 하고 싶다더니 왜 지원 안 했어요?"

"제가 너무 몸치라서요."

하고는 싶은데 '과연 할 수 있을까?' 물음표가 앞을 가로막는단다. 마음은 이팔청춘이라 이미 무대 위에서 팔랑이지만, 몸이 오공 육공이라 발목을 잡는다. 뭐 하나 하려 해도 굳은 몸을 핑계 삼아 주춤거린다. 이 나이에? 이 몸으로? 자기 의심이 욕구에 제동을 걸면 사는 게 재미없어진다.

"민폐가 될까 봐요. 못하는 데 망신만 당하면 어떡해요."

"민폐를 희망으로 바꾸면 그만한 감동 드라마가 없지. 몸치를 딛고 일어서는 걸 보여주는 게 우리 콘셉트라고."

'몸치라서 못 해요.'가 아니라 '몸치도 공연이 가능하다.'로. 생각 하나만 뒤집으면 걸림돌이 디딤돌이 된다. 우린 전문가가 아니고 젊지도 않다. 평균 나이 55세, 일과 살림에 치여 둔

해진 몸. 그런 몸치 아줌마들이 이를 갈고 연습해 리듬을 탄단다. 그녀들이 작정하고 무대를 흔든다고 상상하자 〈뮤지컬〉이나 〈록키〉 같은 인간 승리의 영화를 보는 것처럼 뭉클했다. 그런데 그 휴먼 드라마의 주인공이 꼭 젊어야 할 필요는 없지 않은가. 머리가 희끗한 우리 엄마일 수도, 앞치마 맨 옆집 아줌마일 수도 있지 않은가. 자자, 중년들이여. 뒤로 빼지 말고 앞으로 나오세요. 새로운 인생의 무대로 나오세요. 등 떠밀 듯이 몸치들을 모아놓고 공연단을 꾸렸다. 이름 하여 '셔플 오십스'. 듀스, 젝스키스, 뉴진스, 한 세대를 들썩인 댄스' 그룹들의 연장선 위에 중년의 셔플 오십스가 당당히 이름을 올리련다.

셔플 오십스 멤버 대부분은 일하는 엄마거나 가정주부였고 전국에 흩어져 살았다. 모여서 연습할 방도를 찾다가 주말에 대전 연습장에 모였다. 어떤 이는 가족에게 양해를 구해야 했다. 엄마에게 주말이란, 출근 안 하는 남편과 학교 안 가는 애들 치다꺼리하고, 산더미 같은 빨래를 해치우는 날이 아닌가. 아쉬운 소리 들어가며 대전까지 오려니 멀어서도 힘들어서도 귀찮았을 텐데, '에잇, 그깟 춤이 뭐라고 안 하고 말지.' 싶기도 할 텐데 그렇지 않았다. 전원 모두 대전까지 왔다.

다 함께 모여 스텝을 밟는데 웬걸, 해도 해도 너무 못했다.

"우리 지금 같은 음악에 맞춰서 같은 동작 하는 거 맞죠?"

두 눈을 의심할 정도였다. 양발을 번갈아 가며 앞뒤로 움직여야 하는데, 여기서는 개다리춤을 추고, 저기서는 소가 뒷발질로 흙을 파헤치듯 요상한 동작을 했다. 다들 식은땀을 뻘뻘 흘리며 벌건 얼굴로 숨을 몰아쉬는데, 그런 얼굴에 대고 뭐라 할 수도 없었다.

'아, 몸이 안 따라 주는 게 이런 거구나. 안 따라 줘도 이렇게 안 따라줄 줄이야.'

뒷목을 잡았다. 깔깔깔 웃다가 반나절이 흐르고, 지쳐서 밥 먹다가 또 반나절이 흐르고, 무대에 서는 게 과연 가능한가 머리를 굴리다 반나절이 흘러갔다. 욕심이 과하면 탈이 나기 마련이다. 수십 년 굳어 버린 몸을 하루아침에 김완선처럼 만들 수는 없는 법이었다. 할 수 있는 만큼만 나아가기로 했다.

기본 스텝으로만 연습을 이어갔다. 공연 섭외가 언제 올지도 몰랐고, 과연 오기나 할지도 미지수였다.

"할 수 있다고 말하면 할 수 있다니까요. 현실에 나타난다니까요."

나는 명언집에 나올 법한 말들을 읊어댔다. 할 수 있다고 믿어야, 가능하다고 믿어야 몸을 일으켜 세우고 한 발 내딛을 수 있는 것 아닌가. 좀 식상한 말이지만 정주영 회장이 "이봐, 해 봤어?"라고 물었을 때 "네, 해봤는데 안 됐습니다."라고 말하는 직원은 없었을 테다. "안 해봤지만, 어차피 안 될 것 같습니다." 가 얼마나 인생의 문을 차단하는지 다들 안다. 그걸 알면서도 '안 된다.'에 한 표를 던지는 건 체념이 돌파보다 쉬워서다.

얼마의 시간이 흘렀다.

"셔플 오십스가 대전에 모여 연습을 몇 주 째 이어가고 있는데요. 과연 우리의 꿈이 이루어질까요?"

카페에 짧은 글을 써서 올렸는데, 예전에 수업을 들었던 한 회원이 답을 달았다. 시니어 모델 패션 콘서트가 제주에서 열리는데 셔플 오십스가 피날레 무대에 서달라고.

"우리가요?"

막상 꿈이 현실이 되니 어리둥절하면서 살짝 뒷걸음질을 치게 됐다. 마을회관도 아니고 경로당도 아니고 패션쇼? 그것도 제주도에서? 다리가 후들후들 떨렸다.

행사 팸플릿을 보니 마네킹처럼 호리호리한 모델들이 런웨이를 걸어 다니는 모습이 머릿속에 그려졌다. 키가 훤칠하고 늘씬한, 보기만 해도 시선을 사로잡는 모델들 속에서 뱃살을 출렁이고 있으면 영 볼품없어 보이지 않을까? 폭소만 자아

내는 건 아닐까? 발목 잡는 목소리가 사방에서 튀어나왔지만, 머릿속으로 안무를 그리기 시작한 내게는 아무 소리도 들리지 않았다.

내가 원하는
'나'를 만날 용기

첫 공연을 앞두고 〈독도는 우리땅〉에 맞춰 안무를 짰다. 제주도에서 왜 독도를 부르짖냐고 묻는다면, 외국에서 온 셔플과 국내 가요를 접목해보려는 댄싱 다연의 포부에서 비롯된 결과라고 답하겠다. 이제껏 나는 해외 셔플러의 춤을 보고, 해외 팝송에 맞춰 셔플을 췄다. 이제는 반대 상황을 꿈꾸기 시작했다. 셔플 오십스가 〈독도는 우리 땅〉에 맞춰 춤추는 영상을 해외 셔플러가 보고, 한국 가요에 맞춰 스텝을 밟는 것이다. (보통 여기까지 설명하면 추가 질문이 이어진다.) 전국민이 사랑한 댄스 가요를 돌아보면, 90년대를 휘어잡은 클론부터 코요테, 엄정화까지 수두룩한데 왜 하필 가슴 비장해지는 건전 가요죠? 그럼 나는 대답한다.

"전 클론이나 코요테 노래를 몰라요. 춤도 몰라요."

"네? 정말 모르세요? 아니 춤 좋아하시는 분이 어떻게 그걸 모를 수가…."

다들 의아해했지만, 나는 정말 몰랐다. 대학 시절 한때 나이트클럽에서 무아지경에 빠져본 이후 오십을 훌쩍 넘길 때까지 춤을 잊고 살았다.

여하튼 셔플 오십스는 〈독도는 우리땅〉과 셔플댄스라는 기발하고 엉뚱한 조합을 재밌어했다. 그러나 안무를 선보이는 날 탄식이 쏟아졌다. 독도가 우리 땅인 건 맞지만, 불도저처럼 '다다다' 몰아붙이는 템포, 랩보다 빠른 박자 때문에 어지간해서는 동작을 따라하기가 어려웠다. 한마디로 이거 연습하다가는 며칠 앓아눕겠다는 걸 미리 알아 버렸다.

"선생님, 저 못하겠습니다."

움츠러들고 물러서는 반응이 반사적으로 튀어나왔다.

"아니요. 할 수 있습니다. 이 곡으로 하겠습니다."

내 확신과 의지가 강해서였을까? 아니면 동작이 힘든 건 둘째치고, '독도는 우리땅'이라는 메시지를 전한다는데 어려워도 꼭 해야 한다고 생각했을까? 그것도 아니면 들을수록 빠른 비트가 몸과 마음을 달구었을지도 모르겠다. 공연단원들은 주춤거리면서도 열의를 다지고 연습을 시작했다.

제주도 무대에서 선보일 또 다른 곡은 80~90년 대 시내 유흥가를 뜨겁게 달군 유로 디스코 음악, 런던 보이즈의 〈아임 고나 기브 마이 하트(I'm gonna give my heart)〉였다. 이 곡은 듣는 순간 사람을 어깨를 들썩이고 엉덩이를 치켜올리면서 스무살 추억에 젖어 들게 만든다. 소위 '날라리' 고등학생이었다면, 교복 깃을 세우고 모자를 비스듬히 쓰고 다리를 떨면서 이 노래에 맞춰 춤 좀 췄을 거다. 두 곡이 주는 느낌은 달랐다. 〈독도는 우리땅〉이 각을 딱딱 맞춰 군기를 잡게 했다면, 런던 보이즈 노래는 힘 빼고 흔들흔들 사람을 취하게 했다. 몸치, 박치가 제멋대로 흔들어도 어느 정도 맞아들어가게 보이는 적당한 템포였다.

공연 하루 전날 공연단은 제주도행 비행기에 올랐다. 야자수가 보이는 제주공항에 도착하자 공연에 초청해준 회원이 마중을 나왔다. 회원의 도움으로 펜션에서 숙박을 해결했다. 별도의 공연비는 없었고 각자 비행기표를 끊어서 왔다. 먹거리는 내가 책임지기로 했다. 누가 보면 왜 물 건너가서까지 돈 쓰고 시간 쓰고 몸 쓰고 생고생이냐고 하겠지만, 공연단은 에베레스트 등반대 저리 가라 할 각오로 제주도에 입성했다. (물론 목숨까지 걸 각오까지는 아니고.) 남들이 보기엔 별거 아닐 수 있지만, 셔플 오십스는 일생일대의 도전이자 데뷔 무대를 앞두고 비장했다. 마라토너도 아닌 사람이 정식 마라톤 대회에 출전하는 것과 같은 맥락이었다. 가슴이 시키는 대로 도전하면서 인생에 길을 내는 과정이야 말로 나답게 사는 것 아닐까? '나'란 사람 속에는 애 키우는 엄마만 있는 건 아니니까. 흠뻑 젖을 정도로 달리면서 자기 한계를 넘고픈 '나'도 있고, 붉은 드레스에 장미 한 송이 입에 물고 탱고를 추고픈 '나'도 있으니까. 내가 원하는 '나'를 만나기 위해 제주도까지 온 것이다.

연습은 오후 늦게 마을회관에서 했다. 전신거울만 없다 뿐이지 열두 명이 몸을 흔들기에 충분했다. 연습 도중에 관람객이 찾아왔다. 나에게 수업을 들었고, 이번에 마을회관 대여를 도와준 쉘위셔플 회원들이었다. 제주도에 사는 회원들은 셔플 오십스가 왔다는 소식에 누구보다 흥분해서 달려왔다.

"어머나, 셔플 오십스! 응원합니다!"

먹거리를 한가득 싸 와서는 상기된 표정으로 우리를 구경했다. 연습이긴 했지만 처음으로 관객 앞에 서자 셔플 오십스는 나름 긴장했다.

"자, 해봅시다."

의기양양하게 기운을 불어넣고 첫 곡 안무를 선보였다. 음악이 끝나자 멤버들은 모든 걸 쏟아부었다는 듯 땀을 흘리며 숨을 헐떡였다. 그런데 박수가 쏟아질 타이밍에 정적만 흘렀다. 석연치 않은 눈빛이 오고갔다. 박수 소리는 미미해서 들릴까 말까 했다. 두 번째 곡으로 넘어갔다. 관객들은 '이게 뭐지?'라는 표정으로 서로를 쳐다봤다. 가까이 가서 물어봤다.

"별로예요?"

"선생님, 제가 볼 때는 손이 너무 안 맞아요. 발동작은 그렇다 치고, 손이 안 맞으니 시선을 어디다 둬야 할지 모르겠어요."

"그럼 발만 보세요."

내 말에 회원님은 흠칫 놀라며 난감한 표정을 지었다.

"발만 보고 싶은데, 발도 너무 안 맞아요."

밖은 어두워지고 첫 공연은 잘해내고 싶고 급한 마음에 손동작을 바꿔 부랴부랴 안무를 다듬었다. 그러자 여기저기서 아우성이 터져 나왔다. 공연 하루 앞두고 안무를 바꾸는 게 말이 되냐며 못 따라가겠단다. 발동작도 겨우 따라 하는데, 손동작까지 익히려니 손도 발도 다 헛돈다고 했다. 사공이 많으면 배가 산으로 간다더니 연습실이 술렁이기 시작했다. 몸은 피곤한데 안무는 안 풀리고, 배까지 고프니 신경은 곤두서고, 이대로는 연습이 불가능했다. 저녁 식사부터 해야겠다 싶어 셔플 오십스를 데리고 나가 밥부터 먹었다.

관객이 돌아간 뒤 우리는 연습실에 다시 모였다. 여기저기서 푹푹 한숨 쉬는 소리가 들렸다. 지치고 굳은 표정 때문에 분위기가 잔뜩 가라앉았다.

"하던 대로 합시다. 손은 자유롭게 하고 발동작 위주로 합시다. 대신 우린 얼굴로 무대를 날려 버립시다. 방긋방긋 웃는 얼굴로. 알았죠? 내가 공연 전에 관객들한테 얘기할게요. 우리는 발의 여신이라고. 위를 보지 말고 다리를 봐달라고 얘기할게요."

그랬더니 이제는 발동작을 가지고 난리가 났다. 네가 안 맞네, 너도 안 맞네 하면서 발맞추기에 혈안이 됐다. 지친 몸으로 우리는 펜션으로 돌아가 곯아떨어졌다.

다음날 눈을 뜨니, 어째 몇몇 회원들의 낯빛이 심상치 않았다. 눈은 게슴츠레하고 얼굴이 누렇게 뜬 게 어디가 아픈가 싶어 물어보니 스텝 연습한다고 펜션 마당에서 밤을 꼴딱 세웠단다. 아침 7시에 공연장으로 출발해야 하는데 새벽 다섯 시까지 연습을 했단다.

"아니, 공연 하루 앞두고 잠을 안 자면 어떡해?"

첫 테이프를 잘 끊고픈 열정들 속에는 공연단에 해를 끼치고 싶지 않은 마음도 자리했을 터였다. 그걸 알기에 고마우면서도 가슴 한편이 저려왔다. 그럴수록 잘해야겠다는 마음이 하늘 높이 치솟았다. 할 수 있다는 한마음으로, 너를 믿고 나를 믿고, 그렇게 우리는 싹트는 동지애를 느끼며 공연장으로 향했다.

춤바람이 아니라
인생의 봄바람

3월 말의 제주도 하면 노란 유채꽃이 만발하는 봄을 떠올린다. 하지만 모두의 기대와는 달리 날이 흐렸다. 하늘에 연회색 구름이 잔잔하게 깔리더니 빗방울이 하나둘 소리 없이 떨어졌.

"어떡해, 비가 오면 관객들이 많이 안 올 텐데."

걱정이 들면서도 첫 공연을 앞두고 한껏 들떠 있었다. 그런데 웬걸. 공연장에 도착하니 무대랄 게 따로 없었다. 공원 안 정원 한가운데 수풀이 있고 그 사이로 길이 나 있었는데, 길 한복판이 무대였다. 멋지게 표현하자면 친환경 야외 상설무대,

눈에 보이는 대로 표현하자면 맨땅에 공연하기였다. 주변에 몇천 석 자리가 깔린 것도 아니었다. 길가를 빙 둘러서거나 주변 계단이나 벤치에 앉아 공연을 감상하는 구조였다. 굳이 입장권을 낼 필요 없이, 공원을 거닐다가 '어, 저기 뭐 하네.' 하는 식으로 누구나 볼 수 있는 공연이었다.

과식을 한 것도 아닌데 공연 몇 시간 전부터 배가 부글거렸다. 수풀 사이로 구불구불 길을 지나 한참 걸어가니 먼발치에 화장실이 보였다.

"대체 언제 와요? 리허설 해야 하는데."

"응 알았어. 일단 끊어봐."

아무리 괄약근에 힘을 줘도 볼일이라는 게 마음처럼 되는 게 아니지 않는가. 그렇다고 무작정 변기에 앉아 기다릴 수도 없는 노릇이었다. 그런데 돌아오면 또 배가 약 올리듯 살살 신호를 보냈다. 다시 화장실로 출동했다.

"아, 긴장하셨나. 언제 올 거예요? 곧 공연 시작한데요."

부랴부랴 공연장으로 가니 사회자 멘트와 함께 패션쇼가 시작되었다. 멤버들과 나는 시니어 모델들이 워킹하는 걸 보고 "우와!" 박수를 쳤다. 두 손을 들고 환호를 질러댔다. 웬만한 방청객 아르바이트 저리 가라 할 정도의 호응이었다. 관객으로서 뜨겁게 호응한 것이기도 했지만 실은 첫 무대를 앞두고 사기를 끌어올리기 위함이었다. 가수들이 무대에 오르기 전에 부르르 입술을 털고, 운동선수들이 경기 전에 스트레칭을 하고 경쾌한 비트의 음악을 듣는 것과 같은 이치였다.

셔플 오십스도 무대에 서기 전에 나름의 준비를 해야 했다. 쫄지 않을 준비. 수천 명이 지켜보는 공연은 아니지만, 어쨌든 댄서로서 무대에 서겠다고 그간 난리를 치면서 주말에 쉬지도 못하고 대전에서 격주로 모여 연습을 했다. 결국엔 바다 건너 제주도까지 왔다. 누가 보면 춤바람이라 하겠지만, '바람'만으로는 설명이 되지 않는 일이었다. 한의원에서 침 맞고, 무릎에 파스 붙이고, 허리에 복대를 두르고, 며칠을 앓아눕기까지 했다. 열두 명의 몸치 아줌마들이 투혼을 발휘했다. 무대에 오르기 1분 전, 쿵쾅쿵쾅, 영화에서나 듣던 심장 뛰는 소리에 온몸이 부르르 떨렸다.

"자, 주사위는 던져졌어. 우리 이 순간을 즐기자. 즐기자. 파이팅!"

아무렇지 않은 척 멤버들 어깨를 두드리며 무대에 올랐다.

"자, 다음 순서입니다. 열두 명의 여성이 한자리에 모여 뭔가 보여주겠다는데요. 큰 박수로 모시겠습니다."

검정 재킷에 바지, 선글라스, 나름 절도와 포스를 갖춘 의상으로 무대에 섰다. 태어나서 처음 마이크를 잡는 순간이었다.

"안녕하세요? 춤추는 동기부여가 고다연입니다. 현재 댄싱다연으로 활동하고 있습니다."

나는 관객의 눈높이를 바닥까지 낮추려 노력했다. 춤의 완성도만 놓고 본다면 관객이 실망할 수도 있다는 생각에서였다.

"셔플 오십스는 아마추어 공연단이에요. 중년의 몸치들이 모였습니다. 꿈을 꾸고 도전하면 이룰 수 있다는 희망을 전하고 있어요. 다들 직장 다니고 전국 각지에 살고 있어 만나 연습하기가 어려웠습니다. 그걸 다 딛고 오늘 첫 공연을 선보이네요. 눈높이를 발아래로 내려 완전히 바닥에 붙여 주세요."

뭐 하는 아줌마들인가 심드렁한 표정으로 보던 관객들이 웃었다.

내 소개 멘트를 듣고 셔플 오십스도 안심하는 눈치였다. 굳은 표정으로 화장실에 여러 차례 다녀오는 걸 보고 소화 불량이 생길 정도로 긴장했나 싶었는데, 다행히 무대에서 말을 곧잘 하니 이제 정상으로 돌아왔나 싶었나 보다. 퍼포먼스를 앞두고 우리는 뭔가 보여주겠다는 듯, 무대를 제대로 장악할 테니 기대하라는 듯 일제히 상의 재킷을 벗었다. 크롭티 아래로 허리 라인과 배꼽, 십일자 복근이 슬쩍슬쩍 드러나자 객석 여기저기서 "우와." 감탄의 목소리가 들려왔다.

"어머머, 웬일이야."

지켜보던 시니어 모델들도 흠칫 놀라는 눈치였다.

"따라 다따따, 따라 다따따."

추억의 팝송, 런던 보이즈의 음악이 흘러나오자 관객들의 시선이 핀조명처럼 우리에게 집중되는 게 느껴졌다. 여덟 박자가 흐르고 뭔가 보여주려는 찰나, 아뿔싸! 나는 뭔가에 홀린 듯 안무를 까먹고 혼자 허우적대기 시작했다. 그것도 앞줄 정중앙에 서서. 다들 고개가 오른쪽을 향하는 동작에서 나만 왼쪽을 보다가 옆 멤버와 눈이 마주쳤다. 순간 머릿속이 하얘지면서 아무것도 보이지도 들리지도 않았다. 관객도 음악도 사라진 채, 나 홀로 낯선 우주에 서 있는 기분이랄까. 실수가 반복되자 옆에 선 동료가 '왜 그래요? 정신차려!'라는 눈짓을 보냈다. 하지만 나도 내가 왜 그러는지 당최 알 수 없었다. 나사가 풀린 것처럼 몸은 겉돌고, 어이가 없어서 나오는 웃음으로 당황한 기색을 가릴 수밖에 없었다. 곡이 거의 끝나갈 즈음에야 음악 소리가 다시 들리기 시작했다. 사방에서 나를 쳐다보는 게 느껴지자 이마와 등에서 식은땀이 줄줄 흘렀다. "힘 빼고 신나게 즐기는 거야. 잘할 수 있어." 무대 단원들 등을 두드리며 다독이던 나였건만, 내가 숨은 복병이 될 줄이야.

'이번에도 틀리면 나는 죽는다.' 나는 전쟁터에 선 용사처럼 비장했다. 이대로 무대에서 매장당할 순 없었다. 다음 곡에서도 틀리면, 셔플이고 나발이고 싹 다 내려놓아야 할 지경이었다. 마치 독도는 절대 뺏길 수 없다는 결의를 다지는 사람처럼 비장하다 못해 무서운 얼굴로 나는 무대 한가운데 서 있었다. 누가 보면 독도 수비대 대원이라고 해도 손색없을 정도였다. 하지만 속으론 '절대 틀리면 안 돼. 정신 똑바로 차려.' 하며 스스로를 다그치는 중이었다.

음악이 시작되자 머릿속에 불이 켜진 듯했다. 두 발을 꽃게처럼 옆으로 왔다 갔다 하는 브이 스텝을 선보이자 관객들 몸이 앞으로 기울기 시작했다. 빠른 비트에 현란한 발동작이 이어지자 탄성이 터져 나왔다. 대형 가수의 콘서트 현장에 가면 관객들이 흥에 취한 나머지 일어나서 손을 들고 고함을 지른다. 울다가 쓰러지기까지 한다. 관객을 기절시킬 만큼의 감동까지는 아니었지만, 셔플 오십스의 퍼포먼스도 먼발치에서 보던 관객들을 무대 가까이 끌어당기기에 충분했다.

"와, 잘한다."

곡이 끝날 무렵이 되어서야 나는 긴장을 풀고 날아갈 기세로 몸을 흔들기 시작했다. 실수하면 안된다는 긴장을 내려놓고 자유자재로 셔플을 즐긴 순간, 나이트클럽 미스 고가 살아나 무아지경에 빠지는 환희를 누렸다. 한 치의 미련도 후회도 들지 않을 만큼 머리부터 발끝까지 리듬에 맞춰 몸이 돌아가자, '몸이 리듬을 탄다.'라는 말을 실감했다. 공연이 끝나자 사회자가 내 얼굴을 보고 한마디를 던졌다.

"댄싱 다연 님은 독도를 수호하실 분이십니다. 얼마나 엄숙한 표정으로 춤을 추시는지, 네, 독도는 아무도 못 건드립니다."

우리가 무대에서 퇴장할 때까지 모두가 일어나 박수를 쳤고, 일부 멤버는 울기까지 했다. 셔플 오십스가 기립 박수를 받다니. (야외무대라서 관객들이 앉기보다 주로 서 있기는 했지만) 보통 영화제에서 평생을 연기에 바친 노장 배우가 무대에서 상을 받을 때나 기립 박수를 받지 않나. 첫 공연을 성황리에 마쳤다는 게 우리에게는 수상이나 마찬가지였다. 전날 밤까지만 해도 손발이 하나도 안 맞고 이게 무슨 공연이냐며 투덜거렸는데 기립 박수를 받다니, 영화 같은 반전이 따로 없었다.

공연을 마친 뒤 내가 저지른 실수와 비장한 표정이 화젯거리가 되었다.

"우리 선생님 첫 곡에서 혼자 틀리고 계속 웃으셨잖아요. 그거 콘셉트였나요? 멤버들 재밌게 해주려고."

"아이고, 그랬으면 얼마나 좋을까유."

"아니, 우리한테는 즐기라고 웃으라고 해놓고, 혼자 그렇게 비장한 표정을 하셨어요. 하하."

우리는 그날 저녁 축배를 들고 희열에 사로잡혔다. 우리가 춤을 추고 공연을 하게 될 줄이야. 영화의 해피엔딩 같은 밤이었다. 누군가는 아줌마들 춤바람났다고 하겠지만, 우리에겐 그것보다 더 벅찬 바람이 불었다. 아직 끝난 게 아니라는, 내일이 새로울 수 있으리라는, 인생의 봄바람이 솔솔 불던 날이었다.

3장

인생 2막 2장

오십, 나를 꿈꾸게 하는
일을 하고 있는가

고개를 들자 동료가 나를 빤히 쳐다보고 있었다. 요새 무슨 일 있냐는 물음에 비밀이라도 들킨 사람처럼 미소를 지었다. 환자가 뜸한 오후였고 나는 이러지도 저러지도 못하는 중이었다. '사표를 낼까, 말까. 지금이야 지금 말해. 아니야 아직은 이르지.'

언제부터였을까. 몸은 치료실 책상에 앉아 서류를 보고 있지만, 머릿속으로는 나도 모르게 스텝을 밟았다. 겉은 물리 치료사요, 머릿속은 댄싱 다연. 병원과 연습실에 다리 한 짝씩

걸쳐놓고 어중간하게 서 있는 듯했다. '에이, 일하자.' 머리를 절레절레 흔들어도 환자가 없거나 커피를 마시거나, 혹은 화장실 변기에 앉으면 몸은 슬슬 리듬을 타며 꿈틀거리기 시작했다.

'언제쯤 퇴사할 수 있을까?' 그런 질문이 내 안에서 불쑥불쑥 올라온 지 이십 년도 넘었다. 그렇지만 나에게 퇴사는 남북통일처럼 아득한 소원에 불과했다. 그러다 오십이 넘고 댄싱다연으로 활동한 지 일이 년이 지나자 상황이 달라졌다. 북녘 땅처럼 멀게만 느껴지던 '퇴사'가 어느새 성큼 다가와 눈앞에 아른거리기 시작했다. 셔플댄스 수업이 열리자마자 몇 분 만에 서른 명, 마흔 명이 신청하면서 아침저녁으로 춤을 가르치는 일상이 이어졌다. 그렇게 몇 달이 지나자 '한번 해볼까.' 하고 한 발 디딘 일에 이제는 두 발을 담글 수도 있겠다는 생각이 들기 시작했다.

그렇지만 삼십여 년간 일한 직장을 퇴사하기란 쉽지 않았다. 보란 듯이 퇴사했다가 다시 일자리를 구해야 할지도 모를 일이었다. 주위를 둘러봐도 환갑 가까운 나이에 정규직 취업은 (신의 은총이 닿지 않는 한) 불가능에 가까웠다. 중년이나 노년에 구할 수 있는 일자리의 폭은 좁다. 건물 미화, 주방보조, 파트타임 서빙 정도가 다였다. 그러고 보니 삼십 년 넘게 물리 치료사로 일한 것도 복이라면 복이었다. 눈 감고도 치료할 정도로 일머리가 훤해졌다. 게다가 월급도 나쁘지 않고 정년퇴직이랄 게 따로 없다. 으리으리한 저택에 살겠다는 욕심만 없으면, 병원에만 붙어 있어도 평온한 노년을 맞이할 수 있다. 그런데 이 좋은 걸 내려놓겠다고? 허리 구부려 씨 뿌리고 비료 주고 가꾸어 왔는데, 이제 허리 좀 펴고 수확을 누릴 시기에 손 털고 제 발로 걸어 나오겠다고?

마음이 다급해지기 시작한 건 공연팀을 꾸리면서부터였다. 이미 포화 상태에 다다른 일상에 할 일을 끼워 넣느라 몸도 머리도 2배속으로 돌아가야 했다.

새벽 5시 기상 및 준비

아침 6-7시 셔플 수업

아침 7시 밥하고 씻고 출근 준비

9시-6시 병원 근무

저녁 7시-9시 저녁 식사 준비, 집안일 해치우기

저녁 9시 쓰러지기 전까지 안무 짜기, 멤버들 춤 영상 보다가 잠들어 버림

18시간 몸과 머리를 풀가동하려니 숨이 차올랐다. 공연일은 다가오는데 안무는 제자리걸음이고 연습도 더뎠다. 날짜가 다가올수록 발을 동동 굴렀다.

'이러면 죽도 밥도 안 된다. 하나를 제대로 하려면 다른 하나를 내려놓아야지.'

무엇을 내려놓아야 할까? 생각의 저울이 왔다 갔다 했다. 재미는 없어도 가던 길로 갈지, 짜릿하지만 출렁대는 배를 탈지 결정을 내려야 했다.

갈팡질팡하는 마음에 몸을 뒤척이며 며칠간 잠을 설쳤다. 인생에는 정해진 답, 정답이라는 게 없지 않나. 내가 정답을 만들면 되는데 정답을 찾으려니 머리가 꽉 막혀 버렸다.

'어느 쪽이든 나를 이끄는 대로 놓아두자. 가슴이 시키는 대로.'

나는 왜 셔플을 추고 있을까? 곰곰이 생각하니 거기에는 흥이나 재미만 있는 게 아니었다. 자살하려다 댄싱 다연이 죽기 살기로 연습하는 모습에 용기 내어 살게 됐다는 사람. 실연을 당해 방구석에서 울기만 하다가 런닝맨 스텝을 밟고 인생을 다시 걸어 나가게 됐다는 사람. 누구라도 '춤추다가 인생이 바뀌었다.'라는 얘기를 들을 때면 병원에서는 느껴본 적 없는 충족

감이 가슴을 달구었다. "어머나, 언제 이렇게 춤 실력이 좋아졌어요." 하는 칭찬에 성취감도 들지만, 그보다도 춤을 추면서 살맛을 되찾았다는 동년배들의 모습에 감정이 북받쳐 올랐다.

돌이켜 보면 나도 그런 계기로 춤에 빠져들었다. 즐기고 싶고 잘하고 싶은 것, 그걸 찾아내어 시도하고 노력하면서 자신을 믿고 지지하고 사랑하게 됐다. 사는 게 이토록 가뿐할 수 있구나. 나도 잘할 수 있구나. 춤이 시린 몸과 마음에 불을 지폈다. 그 뜨거움이 엉덩이를 들썩이게 했고, 몸치 언니들과 땀을 뻘뻘 흘리며 울고 웃게 했다. 남들은 갱년기로 우울하다는데, 댄싱 다연은 마음이 가라앉지 않고 사춘기 소녀처럼 들떠서 두근거렸다. 나를 꿈꾸게 하는 일을 이제야 찾았다. 수입이 많든 적든 그건 '가슴 뛰는 일'을 선택하는 데 결정적이지 않았다. 내가 하고 싶은 일인지, 노력하면 잘할 수 있는 일인지, 최선을 다했을 때 보람을 느낄 수 있는 일인지 생각하자 결정이 쉬웠다. 이제는 나답게 살고 싶었다. 플로어를 누비며 원 없이 춤을 추고, 일상의 리듬과 박자가 흥겹게 흘러가는 인생, 그게 가장 '고다연'스러운 삶이었다.

막상 퇴사하겠다고 말하자 가족들은 "정말 한다고? 기어코?" 하며 일시 정지된 표정을 지었다. 설마설마했는데 설마가 사람 잡는 일이 일어나고야 말았단다.

"아이고…."

남편은 세상 물정 모르는 어린애 바라보듯 이게 뭔 짓거리냐는 눈빛으로 나를 빤히 바라봤다.

"여보, 맘 맞게 일하는 직원도 많고, 이제 좀 느긋하게 관리만 하면 되잖아. 아니, 산전수전 다 겪고 편할 날만 남았는데, 이제 와서 그만둔다고?"

달래는 건지 나무라는 건지 아님 애원하는 건지 남편은 잘 생각해 보라는 말을 반복했다.

"근데 나 계속 춤추고 싶어. 병원 그만두고 이걸 내 일로 만들고 싶어."

남편은 이해 불가하다는 표정을 지으면서도 한편으로는 나의 도전을 부러워했다. 공무원 조직에 몸담아 일벌처럼 살아온 남편. 그는 취미도 아니고 일도 아닌 이 애매한 세계에 뛰어든 아내를 신기해했다. 어쩌면 그리 아이처럼 천진난만하게 뛰어들 수 있는지, 퇴근 후 연습으로 녹초가 된 나를 안쓰러워하면서도 엄지를 들어 올리며 무언의 응원을 보냈다. 자신은 차마 하지 못할 시도를 저지르는 내가 때로 부럽다고 했다.

나의 퇴사 소식에 셔플 오십스 단원들도 처음엔 놀라며 만류하는 눈치였다.

"선생님 이거 하면서 직장까지 그만두나요? 직장은 다녀야죠."

나보다도 나를 걱정하는 목소리에 어리둥절하면서도 고마웠다.

"저는 이제 한길만 가려고요. 우리 선생님들과 공연하는 꿈도 계속 이루고요."

내 말에 부담감이 작용했는지 '힘들어서 연습 못하겠어요.' 하는 소리가 어째 쏙 들어갔다. 군말 없이 전차 군단처럼 척척 연습을 강행하는 걸 보니 단원들도 작정한 듯했다. (예전 같으면 물리 치료사가 환자에게 듣는 거나 다름없는 한숨과 신음, 하소연을 쏟아 놓았을 텐데)

숙고의 밤이 지나고 드디어 때가 왔다. 퇴근을 앞두고 병원에 사표를 냈다.

"저 퇴사하겠습니다."

병원장은 사표를 물끄러미 보다가 퇴사 이유를 물었다. 사업을 할 생각이라고 하자, '지금 제정신이에요?' 하는 표정으로 나를 봤다.

"아니, 지금 코로나로 경기가 바닥을 치는데, 가게들이 다

망해가는데 사업을 한다고요? 뭔 장사를 하는데요?"

"장사가 아니고요. 춤을 추고 춤도 가르치려고요."

"춤? 무슨 춤?"

"셔플이라고 있습니다."

"셔플? 그게 뭔데요? 그런 춤을 누가 춥니까? 거리 두기가 한창인데 사람 모아 놓고 춤 학원을 하겠다는 거예요?"

"뭐, 학원은 아니고요."

"그게 뭐야. 확실하지도 않구면."

춤은 가르치는데 학원은 아니라니 대체 뭐냐는 눈빛이었다. 운동장이나 공원에 아줌마들 여러 명 모아 놓고 음악에 맞춰 춤추는 레크리에이션 강사를 말하는 건가? 춤바람 단단히 난 것 같은데 어떻게 뜯어말리나 궁리하는 듯했다. 나와 비슷한 연배의 사무장은 춤바람 난 동료에게 정신 차리라며 쓴소리를 해댔다.

"내 친구는 요즘 회사에서 명예퇴직하고 얼마나 힘들어하는지 몰라요."

직장에 출근하는 것만으로도 감사해야 할 시기에 정신 나간 소리라며, 다시 생각하라고 걱정인지 설득인지 모를 말을 했다. 춤추는 건 물거품이니 재미 삼아 하라고 직원이며 동료들은 이구동성으로 나를 붙들었다. 하지만 이미 머릿속으로 결정을 내린 상태라 더는 고민할 필요가 없었다.

"원장님, 저 이번 달까지만 근무하겠습니다."

'가야 할 때가 언제인가를 분명히 알고 가는 이의 뒷모습은 얼마나 아름다운가'라고 이형기 시인이 말했다. 그런데 병원장은 시인과는 다른 시선으로 내 뒷모습을 바라보았다. 가야 할 때가 언제인지 모르고 가는 이의 뒷모습은 얼마나 걱정스러운가. 홀연히 떠나가는 등 뒤로 병원장의 말소리가 들려왔다.

"나중에 실장님 댄스 학원 안 되면 다시 찾아오세요."

병원을 퇴사하면서 35년 물리 치료사의 삶은 막을 내렸다.

내 나이 55세에 좋아하는 일을 직업으로 삼게 되었다.

중년의 도전,
가족의 지지와 응원의 힘

의료 가운을 벗자 자유로워졌다. 출근과 퇴근 사이 직장에 저당잡혔던 시간이 통째로 내것이 되자 하루 중 언제든 춤을 추는 게 가능했다. 수북하게 쌓인 빨래 바구니나 설거지 더미 앞에서 한숨을 쉬다가도 한바탕 몸을 흔들면 일상을 환기한 듯 상쾌함이 몰려왔다.

예전에는 누가 무슨 일을 하냐고 물으면 난감해 말끝을 흐렸다.

"물리 치료사이기는 한데…."

"그런데요?"

"셔플댄스를 추고 있어요."

그럼 댄서냐 학원에서 강습하는 거냐, 그걸로 돈벌이가 되느냐고 수수께끼 하듯 질문이 이어지곤 했다. 강습이야 하기는 한다만 '학원' 로고를 박아 명함을 내미는 것도 아니고, 그렇다고 단순한 취미도 아니라서 차라리 입을 봉하는 게 편했다. 그러다 떡하니 사표를 내자 나는 어딜 가나 어엿한 '댄싱 다연'으로 정체를 드러낼 수 있었다. 가족들 사이에서도 춤추는 며느리이자 딸이 되어갔다.

처음 셔플댄스를 춘다고 했을 때, 시어머니는 외계어를 들은 듯한 표정을 지었다.

"플? 뭔 플? 셔플? 그게 뭐여?"

"어머니, 셔플댄스가 뭐냐면요. 이런 거예요."

나는 춤 영상 하나를 시어머니 얼굴 앞에 내밀었다. 영상 속에서 며느리는 재롱떨 듯 두 발을 앞뒤로 왔다 갔다 섞어가며 동서남북으로 돌았다. 한참 보던 어머니는 이렇게 말했다.

"이건 뜀박질 아니여. 돌긴 왜 돌아. 어지럽게서리."

"에이, 처음 보셔서 그래요. 제가 더 근사한 춤 보여드릴게요."

나는 화면을 뒤지다가 다른 영상을 내놓았다. 고수가 짠하고 '히든 카드'를 꺼내듯이. 영상 속에서 나는 옆으로 서서 두 발을 뒤로 쓰윽 미끄러뜨리며 문워크를 선보였다. 왼발, 오른발이 부드럽게 이어지면서 매끄러운 스텝이 이어졌다. 빙판 위의 요정 김연아처럼 방바닥 위를 노니는 모습이랄까. 시어머니는 눈이 침침한지 한쪽 눈을 찡그린 채 입을 열었다.

"에? 이건 또 뭐여. 그런 것도 춤이냐?"

꿀밤 한 대 맞은 이 기분은 뭐람. 몇 년간 갈고 닦은, 고도의 정제된 테크닉을 몰라보시다니. 하긴 시어머니에게 익숙한 춤이란, 옛 환갑잔치에서 덩실덩실 물결을 이루던 어깨춤 정도가 아니었을까. 아니면 원로 배우가 다리를 덜덜덜 떨면서 추던 개다리 춤이나 현란한 트위스트 춤 정도. 그런데 문워크는 신체 중 어느 부위를 극적으로 흔드는 춤이 아니다. 모시 바지에 방귀가 새어나가듯 피시시 뒤로 빠지는 동작이니, 어머니 눈에는 춤 같지도 않은 춤이었으리라.

셔플이든 문워크든 춤으로 안 쳐주던 시어머니는 내가 퇴사를 하고 '댄싱 다연'으로 활개를 치자 변하기 시작했다. 어느 날 시어머니가 사시는 시골을 방문했다. 시어머니는 '시골 할머니' 하면 떠오르는 모습 그대로다. 뽀글뽀글한 머리카락이 완벽한 구를 이루고, 고무줄 통바지 차림으로 하루의 절반가량을 밭에 뭔가를 심으며 보낸다.

"땅을 놀게 하면 안 되는겨."

뭐라도 심어야 한다는 근면한 농부의 마음으로 밭을 혼자 일구어 오셨다. 시어머님 댁으로 걸어가는 길, 밭을 빼곡하게 뒤덮은 고구마와 콩을 보니 시어머니의 뒷모습이 떠올랐다. 걸을 때도 무언가를 심듯 허리가 구부러진 채 뒷짐 지고 느릿느릿 걸으신다. 언젠가 시어머니 댁 근처에 둑을 따라 거닐다 길가 끄트머리에 콩나무가 쪼르르 일렬로 심어진 걸 발견했다. 병사가 도열하듯 일정한 간격으로 무려 백 미터 가까이 늘어진 콩나무를 보고 나는 시어머니의 손길을 느꼈다. 손 한 뼘도 안 되는 자투리 흙도 시어머니에게는 밭이었다. (눈에 보이는 흙에 뭐라도 심지 않으면 시어머니 입에 가시가 돋지 않을까 싶다.)

점심상을 준비하는데 시어머니가 상추를 뜯어 오라고 했다. 나는 머리끄덩이를 잡아당기듯 상추 윗부분만 잡고 벌렁벌렁 뜯어 대령했다. 시어머니 눈빛을 보는 순간, '앗 야물게 뽑지 못했구나!' 싶어 시어머니가 한소리 하시리란 걸 직감했다.

"느가 이렇게 뜯어 올 줄 알았다. 그랴도 너는 춤 잘 추니께 괜찮여."

생각했던 것과 다른 시어머니의 순하고 둥근 말에 나는 씨익 웃었다. 손이 야물지 못한 며느리에 대한 너그러움, 춤추는 며느리에 대한 지지가 고루 담겨 있는 말이 아닌가.

이번에는 파를 썰었다. 70년 넘게 부엌의 질서를 관장해 온 시어머니. 파는 모름지기 길고 어슷하게 썰어야 태가 난다기에 그리 썰고 있는데, 시어머니 눈빛이 심상치 않았다.

"어머니 제가 뭐 틀렸어요?"

"아니여, 됐어. 니는 춤을 잘 추니께 이런 거는 내가 해야제."

스텝 잘 밟는 며느리보다 된장찌개 잘 끓이는 며느리, 소처럼 밭일 척척 해내는 며느리가 더 좋을 텐데. 시어머니는 춤 영상을 찍겠다며 카메라 켜고 요리조리 움직이는 며느리를 예쁘게 봐주신다. (시어머니 앞에서 보란 듯이 하는 건 아니고 눈치껏 구석에서 추는 정도다. 아주 잠깐) 복작거리는 며느리를 흘끔 쳐다보며 시어머니가 말했다.

"에, 어째 예전보다 춤이 훨씬 멋있어진 거 같어."

내친김에 시어머니가 춤 영상에 찬조 출연하시기로 했다.

"어머니, 평소대로 걸어가시면 돼요. 저는 뒤에서 춤추면서 따라갈게요."

"그려, 알았다."

시어머니는 카메라 앞에서 의연했다. 카메라를 흘끗 보거나 굳은 동작 하나 없이 평소대로 뒷짐을 쥐고 걷기 시작했다. 언덕처럼 완만한 등이 느릿느릿 나아가는데, 벌어진 두 다리로 뒤뚱뒤뚱 걸어가는데, 그 모습이 고마우면서도 짠하게 다가왔다. 나는 스텝을 밟으며 따라가다가 뒤에서 시어머니를 와락 끌어안았다. 일 좀 그만하시고, 건강하시라는 마음을 힘껏 담아서. 내가 시어머니를 안아본 적이 있던가. 삼십 년 전 결혼식 이후로 처음이 아니었을까. 돌아보면 물리 치료사로 일하면서 환자 등은 숱하게 만졌어도 우리 시어머니 등은 만져본 적이 없었다. 굽은 등을 안으면서, 시어머니의 고됨을 안고 세월을 안았다.

촬영이 끝나자 나는 나대로, 시어머니는 시어머니대로 흥에 취해 춤을 추었다. 등을 세우고 서서 팔을 휘적휘적 흔드는 시어머니. 농사일에 가려져서 그렇지 이팔청춘 시절 며느리 저리 가라할 춤으로 동네를 뒤흔들어 놓으셨던 건 아닐까. 춤추는 며느리 옆에 춤추는 시어머니. 춤으로 끈끈해진 고부 사이라…. 혹시 모를 일이다. 어느 날 시어머니가 문워크를 선보이며 내 앞에 나타나실지도. 어떠냐, 내 춤이 괜찮냐 하시면서.

가진 게 없어도
행복할 수 있는 이유

햇살 좋은 가을날 친정엄마를 만나러 갔다. 아흔의 엄마는 요양 보호사의 도움을 받아가며 혼자 살고 계신다. 더 추워지면 바깥 활동이 어려워질 테니 모처럼 함께 산책을 나가기로 했다. 나간 김에 영상을 남겨 보고 싶었다.

"엄마, 내가 춤 영상 많이 보여줬지? 오늘은 엄마하고 영상을 찍어야겠어."

뭔 영상이냐며 손사래를 치면서도 엄마는 무슨 옷을 입을지 고민하기 시작했다. 검정 바지에 다홍빛 남방을 걸치자 엄마 얼굴이 발그레한 진달래처럼 피어났다. 연분홍 운동화를 신고 한 손엔 지팡이를 쥔 채 엄마는 걷기 시작했다. 나는 똥강아지 마냥 엄마의 뒤꽁무니를 졸졸 따라다니며 스텝을 밟았다.

아흔의 엄마와 쉰여덟의 딸.

언제 이렇게 세월이 흘렀을까. 엄마와 떨어져 살게 된 건 스물두 살 서울에 올라와 병원에 근무하면서부터였다. 그때의 엄마와 난 휘청이던 가계를 일으키느라 정신없이 일만 했다. 빚을 청산하고 먹고살 궁리를 했다. 아버지의 사업이 와르르 무너지는 걸 본 엄마는, 함께 무너져내리는 가슴을 바느질로 메워 나갔다. 한바탕 통곡이나 욕설 없이 삶을 한 땀 한 땀 이어가면서 자식을 키워냈고 노년에 접어들었다. 그사이 나는 한 남자의 아내가 되고 아이들 엄마가 되었다.

엄마와 함께 걷던 날, 하늘은 온화하고 가을볕은 따사로웠다. 연둣빛 잎들이 노랗게 우거지는 황혼길을 엄마는 찬찬히 걸어갔다. 사람이 인생의 계절을 통과하면 얼굴에 어떤 무늬가 남는다. 억세게 살아온 사람은 거친 바위 같은 얼굴. 무기력하게 산 사람은 흐리멍덩한 얼굴. 엄마 얼굴에서는 낭떠러지 속에서도 평온을 붙잡고 살아온 엄마의 삶이 보인다. 어떤 일그러짐이나 어두운 자국 없이 초저녁 노을 같다. 엄마의 얼굴은 어린 자식에게는 일상의 날씨가 된다. 엄마가 웃으면 해맑은 날이 되고, 엄마가 찡그리면 먹구름 가득한 날이 된다. 어린 시절 엄마는 온화한 가을 하늘 같은 얼굴로 나를 맞이했다. 그래서 내가 이토록 해맑게 나이들 수 있었겠지 싶다. 관절을 자유자재로 움직이며 로봇 춤을 추고, 때론 아이돌처럼 발랄하게 껑충껑충 뛰면서.

"엄마 쭈욱 걸어가면 돼. 내가 춤추면서 따라갈게."

엄마는 느긋하게 걷다가 내가 껴안자 "누구야?" 하듯 뒤를 돌아보았다. 카메카를 의식한 건지 엄마에게 어떤 프로 의식이 발동했는지 모르겠지만 세상에나! 우리 엄마 배우 해도 되겠단 생각이 들었다. 아흔의 엄마가 풋풋한 스무살 아가씨로 돌아간 느낌이랄까. 엄마의 미소가 백합처럼 하얗고 빛이 났다.

엄마는 내가 가면 무조건 고깃집엘 데려간다.

"엄마 칼국수 좋아하잖아. 칼국수 어때?"

"칼국수는 무슨. 고기 먹으러 가야지."

아흔의 엄마는 칼국수가 씹어 삼키기에 편할 텐데도, 고기는 질기다며 몇 점 먹지도 못하면서 한사코 고깃집을 가자고 한다. 지글거리는 고기를 두고 엄마가 내게 건네는 말은 늘 같다.

"너는 왜 갈수록 살이 빠져. 밥 못 먹고 춤만 추냐."

환갑을 코앞에 둔 딸이 전신을 흔들며 춤을 추는 게 안쓰러운 걸까. 저리 비실한데 셔플인지, 소플인지 연신 펄쩍펄쩍 뛰면서 어떻게 버티나 하는 눈빛으로 딸을 바라보는 엄마다.

"엄마, 걱정 마. 내가 왜 밥을 못 먹어. 엄마도 좀 드셔."

엄마는 고기를 내 밥공기에 얹고 또 얹어준다. 고기가 내 입에서 목으로 넘어가고, 급기야 딸내미가 더없이 차오른 배를 두드릴 때까지 지켜본다. 나는 고기로 배를 채우고, 엄마는 그런 나를 보며 안타까운 마음을 채운다.

내가 처음 춤을 춘다고 했을 때, 엄마는 머리에 띠만 두르지 않았을 뿐 결사반대를 외쳤다. 남자는 바깥사람, 여자는 안사람. 안과 밖의 경계가 뚜렷했던 시절, 엄마는 다소곳하게 안을 지키던 사람이었다. 지금도 그렇게 사는 게 순리라고 여긴다.

"그 좋은 직장 그만두고 나와서 춤을 춘다고? 무슨 말도 안 되는 소리야?"

몇십 년 병원 잘 다니던 딸이 어떻게 춤바람이 났는지 대관절 이해할 수 없다는 듯 나를 뜯어말렸다.

"엄마, 세상이 바뀌었어. 평생 직장이라는 건 이제 없어. 백세 시대라고 하잖아. 오십에 회사를 그만두어도 반평생을 더 산다고, 반평생을. 그런데 집에서 가만히 있을 순 없잖아. 나가서 노는 것도 하루 이틀이지. 잘하고 좋아하는 일을 계발해야 은퇴 걱정 없이 살 수 있다고."

나도 우리 딸도 틈만 나면 엄마를 설득했다. 내가 이춤 저춤 춤추는 영상을 보여주고, 그 밑에 수두룩하게 달린 응원의 댓글과 내가 수업하는 모습을 보여주었다. 엄마는 신기하다는 듯 눈동자를 요리조리 움직였다. 딸이 거실에서 펄쩍펄쩍 뛰고 혼자 노는 것 같은데. 일 같지도 않은 일로 먹고 살다니.

"에휴, 무슨 춤추는 일을 한다고 그려. 그만두고 남편 월급 아껴가면서 살아."

아녀자가 춤춘다고 전국 각지를 돌아다니는 게 평생 안사람으로 살아온 엄마로서는 이해하기 힘든 모양이다. 그런데다가 날이 갈수록 홀쭉해지는 딸의 모습이 애잔하기도 하고…. 그러면서도 엄마 마음 한가운데를 차지하는 건 사위였다.

"대전으로 춤 모임을 간다고? 늦게까지 있지 마. 일찍 들어와서 김 서방 잘 챙겨줘."

사위 밥도 안 해주고 춤만 추나 싶어 늘 걱정하는 엄마. 오늘도 엄마는 한결같았다.

"빨리 그만두고, 김 서방 월급으로 아껴가면서 살아. 김 서방이 뭐라 안 하든?"

흘긋 사위 눈치를 보는 말에 화들짝 놀란 김 서방이 말했다.

"어머니 절대 그런 소리 하지 마세요. 이 사람이 저 용돈도 챙겨주고 얼마나 좋은데요."

사위 말에 엄마가 깔깔 웃었다.

"김 서방을 잘 챙겨라."

나는 엄마의 말이 무슨 뜻인지 안다. 엄마는 큰 시련 속에서 흔들림 없이 가정을 지켜왔다. 객지에 나간 아버지가 집에 오신 날, 아래채의 단칸방에 가족이 빙 둘러앉아 김치찌개와 돼지고기를 먹으며 킥킥대던 기억이 떠오른다. 그것은 가진 게 없어도 따뜻할 수 있음을, 알뜰히 지켜온 가정이 얼마나 든든한 토대가 되는지를 몸소 체험한 인생 선배가 들려주는 소중한 지혜의 말이었다.

흥이 나야
인생이 가볍다

"자자, 완장 다 떼고 놀아. 원장이든 사장이든 부장이든 직함을 다 떼라고. 오늘은 내 이름으로 노는 거야. 영순, 미자, 만수… 어릴 땐 내 이름으로 살았잖아. 미술 좋아하고 TV에서 톰 크루즈 보면 꺅꺅 소리 지르고 고무줄도 잘하던 은순이로 살았잖아. 그런데 지금은 누가 내 이름을 불러주든? 내가 아니면 누가 내 이름을 불러주냐고. 여보, 엄마, 대표님, 역할을 뒤집어쓰고 살잖아. 오늘은 완장 다 떼. 그 시절 나로 돌아가는 거야. 내 인생의 주인공은 나야 나!"

인파로 가득 찬 클럽, 나는 무대에서 주먹을 올리고 외치기 시작했다.

"내 인생의 주인공은~."

박영순, 고미자. 정만수. 수백 명의 이름이 축포처럼 터져 나오면서 축제가 시작되었다. 처음에 나이트클럽에서 모인다고 했을 때, 회원들은 '에이, 우리가 무슨?' 하며 멈칫했다. 고깃집이나 구민회관을 빌리는 게 낫지 않겠냐, 팔팔한 젊은 애들 흉내 내다가 앓아눕는다…. 내가 장소를 나이트클럽으로 정한 데에는 그만한 이유가 있었다. 작정하고 일탈해 보자는 의미는 아니었다. (그런 건 동네 노래방이나 술집에서도 얼마든지 할 수 있다.) 그보다는 천진한 아이로 돌아가는 시간을 만들고 싶었다. 나와 세상에 대한 호기심으로 부풀어 오르던 시절. 그때로 돌아가 '잊고 지낸 나'를 만나자는 의미였다.

팀별로 공연이 시작되었는데, 내 눈길을 사로잡은 건 춤은 둘째치고 의상이었다. 양 갈래로 딴 머리를 출렁이며 여고생 군단이 사뿐사뿐 무대에 올랐다. 무릎 위로 올라오는 주름치마에 카라가 빳빳한 교복 블라우스를 입고서. 학창 시절 교무주임은 회초리를 들고 으르렁대며 말했다.

"치마가 무릎 위로 올라오는 것들은 죄다 날라리야. 이것들아주 잡히기만 해봐."

 무릎 하나 보인다고 인생이 비뚤어지는 것도 아닌데 왜 그리 학생들을 쥐 잡듯이 잡았는지. 그 눈초리를 피해가며 기어이 치마를 접어 올리던 그녀들. 어찌 보면 날라리들은 멋을 알았고, 자기 욕구를 지킬 줄 알았다. 동그란 무릎을 드러내며 골목을 주름잡던 날라리. 아내, 엄마, 며느리가 돼서도 계속 날라리처럼 살았다면, 침울하거나 주눅 들지 않았을 텐데. 나를 소중히 대했을 텐데. 쿵쿵 음악이 나오자 날라리 언니들이 발을 섞어 가며 나풀나풀 춤을 추었다. 이건 뭐 가요계의 요정이 따로 없다. 얼마 전까지만 해도 '아구구 관절이야.', '몸이 무거워.' 앓는 소리 하던 아줌마들 맞나? 흥이 나면 몸은 가벼워진다. 리듬을 탄다는 건, 몸이 리듬 위에서 이리저리 논다는 뜻이다. 사무실에 앉아서도, 빨래를 돌리면서도 이왕 하는 일 리듬 타듯이 즐기며 살 순 없을까?

 여고생에 이어 이번에는 머리부터 발끝까지 검정룩을 장착한 언니들이 등장했다. 검정색 캡모자를 삐딱하게 쓰고 민소매 티셔츠에 펑펑한 바지를 입었다. 보기만 해도 걸크러쉬의 카리스마가 묻어나는데, 자식들이 봤으면 우리 엄마 맞냐고 물을 판이었다. 무대 정중앙에 한줄로 도열하자 앞에서 얼핏 보면 한 사람이 무대에 서 있는 듯했다.

"원 투 쓰리 포 액션!"

불빛이 터지자 양 날개처럼 펼쳐지는 언니들. 옷이 날개라더니 의상에는 어떤 힘이 있나 보다. 양다리가 쩍쩍 벌어지더니 발끝이 보이지 않을 정도로 격렬하게 움직이기 시작했다. 걸크러쉬처럼 격렬한 스텝을 선보이려면 허리와 골반을 비롯한 하체 근육이 탄탄해야 한다. 허리케인급 춤바람이 일어난다 해도 평소 운동을 하지 않고 몸이 비실비실하면 춤바람은 금세 사그라들기 마련이다. 그런데 걸크러쉬 저리 가라로 추는 걸 보니, 체력단련에 꽤나 힘쓴 모양이었다.

"언제 나이트클럽에 가봤어요?"

내 물음에 다들 기억이 가물가물한 표정을 지었다.

"글쎄요. 스무살 때? 결혼 전 직장 다닐 때?"

나이트클럽에서 놀던 소싯적을 회상하다 보면 짠한 구석이 있다. 그때는 내일에 대한 기대가 막연하게라도 존재했다. 설레는 거 없나? 더 재밌는 거 없나? 주변을 두리번거리고 달력을 살폈다. 내일이 토요일이고 곧 월급날이라 친구를 부르고 약속을 잡았다. 그러다 나이가 들고 가장이 되면서 삶이 미지근해졌다. 열정이 식었다고나 할까? 그런데 나이트클럽에서 완장 풀고 놀면서 '너'의 뜨거운 모습에 '나'도 덩달아 열이 났다. 내가 아직도 뜨거울 수 있다니!

팀별 공연에 이어 장기자랑 순서가 되었다. 장기자랑이라니, 소풍이나 학예회 이후로 얼마 만에 들어보는 표현인가. 나이가 들수록 개인기라는 단어가 어색하고 낯설게 느껴지는 건 '에이, 내가 뭐 잘하는 게 있나.'라는 쪼그라드는 마음 때문이다. 개인기, 또는 개인기로 키우고 싶은 특기. 둘 중 하나라도 있다면 삶을 촉촉하게 가꾸면서 살 수 있다.

이번에는 머리에 쪽을 지고 황금빛 한복을 차려입은 여인이 무대에 등장했다. 사방은 고요하고, 핀조명 아래 선 그녀에게 일제히 시선이 몰렸다. 그녀 옆에는 고수가 가부좌를 틀고 얼쑤 추임새와 함께 북을 치기 시작했다. 그녀는 손에 쥔 부채를 허공에 펼치며 심청가를 부르기 시작했다. 인파의 머리 위로 울려 퍼지는 목소리, 그녀의 음성은 사무침 그 자체였다. 슬픔에 젖어 들다가 애원하듯 터져 나오는 구슬픈 목소리.

중을 보낸 후 곰곰이 생각허니 이런 실업는 일이 업군아~
허허~ 내가 미쳤군아 정녕 내가 사들렸네.
공양미 삼백석을 내가 어이 구할거나.

> *살림을 팔자허니 단돈 열랑을 뉘가 주며*
> *내몸을 팔자허니 앞 못 보난 봉사놈에 단돈 서푼을 뉘가주리*
> *아이고~오 아이고, 내 신세야~~아*

막혀 있던 무언가가 목청을 뚫고 나와 허공에 퍼졌다. 바람이 휘몰아치고, 내 위로 거대한 폭포수가 떨어지듯, 나는 꼼짝할 수 없는 상태로 그녀의 완창을 들었다. 곡절이 넘어갈수록 왜 청승맞게 눈물이 나는지. 나는 심봉사가 된 그녀 모습에 압도되었다. 열정 가득한 사람에게서 느껴지는 감동은 데일 듯이 뜨겁다. 벼랑 끝에 매달린 듯한 절절함, 모든 걸 토해내는 음성. 그녀는 예술가로서 자신을 지켜왔고 무대에 섰다. 일상에선 누군가의 엄마이고 돈가스 식당 사장님이지만, '나'를 잃어버리지 않은 결과였다. 그 충만한 인생이 아름다워 한참 동안 박수를 보냈다.

술 담배 없는 클럽 놀이. 나이트클럽에서 토요일 밤을 날려버릴 마지막 순서는 디제이 타임이었다. 90년대 드라마 〈아들과 딸〉에는 디제이 쭈니 오빠가 나온다. 목덜미에 늘어뜨린 머리카락을 손가락으로 빗어 넘기며 멋을 부린다. 그에게 흠뻑 빠진 종말이는 다방에서 종일 쭈니 오빠를 기다리며 행복해

어쩔 줄 모른다. 그날 밤 누군가는 쭈니 오빠가 되어 제멋에 흠뻑 취했고, 또 누군가는 종말이가 되어 설레는 가슴을 주체하지 못한 채 몸을 흔들었다.

"내가 아직 젊구나."

"할 수 있는 게 많구나. 못할 것도 없네."

"열정을 가두어 놓고 살았구나."

무릎 아프다는 양반들이 우르르 몰려나와 작정하고 춤을 추는데 내가 왜 울컥하는지…. 알에서 나오려고 투쟁하는 새처럼, 태어나기 위해 하나의 세계를 깨뜨리는 새처럼 무대가 무너져라 춤추는 밤이었다.

부족함이 오히려
기회를 만든다

댄싱 다연 님, 저는 메디피스 사무총장입니다.
메디피스 설립자이고 본래 직업은 한의사입니다.
우연히 유튜브를 통해 선생님의 경쾌한 춤을 보았습니다.

어느 봄날 한 통의 연락을 받고 어리둥절했다. 메디피스? '메디'는 의료 '피스'는 평화가 아닌가. 메디피스는 보건 환경이 취약한 전 세계 지역에 보건 의료 혜택을 지원하는 NGO 단체다. 국제의료기구에서 왜 나에게 연락을 했을까, 아무리 생각해도 춤이랑 보건 의료 사이에는 연결 고리가 없어 보였다. 뜻깊은 제안을 하고 싶다는 말에 며칠 후 메디피스 사무실을 방문해 총장님을 뵈었다.

"팬입니다. 선글라스 끼고 춤추는 모습에 젊은 아이라 생각했는데, 저보다 한 살 누님이시더라고요. 하하."

그는 영상 속 댄싱 다연의 모습을 선명하게 기억했다. 동료에게 사과한다며 수줍게 사과를 건네던 모습, 점심시간에 한껏 먹은 걸 털어내야 한다며 몸에 터보 엔진을 장착한 듯 흔들어 대던 모습. 얼핏 보면 슬랩스틱 코미디 같은 영상에 웃었다고 했다. 춤에는 일말의 관심도 없던 그는 내 계정을 구독하기 시작했단다. 춤도 춤이지만 재미 반 호기심 반으로 댄싱 다연을 관찰한 것이다. 병원 복도에서 의료 가운을 망토처럼 펄럭이며 춤추는 그녀는 대체 누구일까 호기심이 일었고, 몇 달을 지켜보다가 직업이 물리 치료사라는 걸 알게 되자 춤, 웃음, 물리 치료 삼박자가 어우러져 그의 머릿속에 하나의 그림이 떠올랐단다.

"베트남 중부에 꽝찌성이라는 지역이 있어요. 베트남 전쟁 시 미국에게 폭격을 가장 많이 받은 지역이죠. 다량의 폭탄이 투하되면서 지역 곳곳이 잿더미가 되었어요. 인구의 상당수가 하루아침에 목숨을 잃었죠. 그 뒤로 주민들은 두려움에 땅굴을 파고 살 정도였어요. 꽝찌성 지역에는 폭탄뿐만 아니라 고엽제가 대량 살포되었습니다. 본래 고엽제는 식물을 고사시키는 화학물질인데요, 인간에게도 치명적인 부작용을 끼치는 독성을 갖고 있어요. 청산가리 아시죠? 청산가리보다 1만 배 강한 독성이 있어서 0.15g만 인체에 들어가도 사망합니다."

베트남 전쟁이라… 학창 시절 들은 기억은 나는데, 어느 영화에선가 그런 장면을 흘러가듯 본 듯한데, 내게는 멀고 먼 나라 이야기일 뿐이었다. 남의 나라 전쟁이라면 먼발치서 팔짱 끼던 나였다. 그런데 그의 설명을 들을수록 가슴이 가라앉았다. 하루아침에 가족이 끌려가 학살당하고, 집이 불타 버렸을 생각을 하니 그 참혹함이 한 사람의 인생에 강타했을 고통을 차마 상상할 수도 없었다. 세월이 지나 산은 푸르름을 찾았다. 하지만 강물과 물고기를 먹은 사람들은 고엽제에 쉽게 노출되어 육체적으로나 정신적으로 고통을 겪었다.

"전쟁 때 살포된 고엽제 때문에 꽝찌성은 베트남에서 장애인이 가장 많은 지역입니다. 이곳에서 태어난 아이들 상당수는 몸이 꼬여 일어서지 못하고요. 심각한 뇌 손상에 시달려 말을 하지도 듣지도 못하는 증세에 시달립니다. 암에 걸리거나 일찍 사망하는 청소년들도 잇따르고 있어요."

봉사하는 삶. 마음 언저리에 깔려 있는 생각이래도 뚜렷한 계기가 있지 않고서야 부러 시간을 내고 몸을 움직여 남을 돕기란 쉽지 않다. 누군가 '도와주세요.' 붙들고 호소해야 비로소 팔 걷어붙이고 도울까 말까했다. 무자비한 전쟁의 피해자로 태어난 아이들의 삶에 드리워질 그늘을 생각하니 한 줄기 햇살 같은 빛이라도 보태고 싶었다. 장미 한 송이가 어둠 속에 있더라도, 한 줌의 흙만 있다면 꽃을 피운다고 하지 않던가.

꽝찌성은 베트남에서 장애아동이 가장 많이 사는 지역임에도 의과 대학이 없었다. 보건 대학이 한 곳 있기는 한데 물리치료학과가 없어 장애아들이 제대로 치료를 받을 수 없었다.

"참 안타깝죠. 치료받으면 회복할 수 있는데 그럴 환경이 뒷받침되지 않는 거죠. 그런데 9년의 노력 끝에 꽝찌성 보건대에 물리치료학과가 설립되었습니다. 이걸 기념하기 위해 힐링 프로젝트를 기획하고 싶습니다. 장애아동과 엄마들을 위해 댄싱 다연이 함께 율동을 추는 거죠. 그러면서 회복과 희망을 다짐하자는 취지예요."

옴마야! 그러니까 베트남 꽝찌성에 가서 신체가 불편한 아이들과 한바탕 춤추며 놀아주고 오라는 얘기였다.

내가 만약 현란한 동작을 선보이는 프로 댄서였다면 인도적 차원의 봉사 기회가 나에게 주어질 리 없었다. 57세의 나이에 춤추는 댄싱 다연이 밝고 엉뚱해 보여서, 게다가 한때 물리 치료사였어서 아이들과 함께 할 기회가 주어진 것이다. 제안을 듣는 순간 바로 마음이 기울었다. 나 좋자고 시작한 춤으로 다른 사람을, 그것도 저 멀리 동남아시아까지 날아가서 아이들을 도울 수 있다니. 신기하고 설레고 어안이 벙벙한 상태로 몇 달이 흘러갔다.

도전만이 또 다른
도전을 부른다

비행기가 활주로에서 이륙하기 시작했다. 창밖을 내다보니 논과 밭, 건물들이 점점 멀어지면서 희미한 점으로 변해갔다. 5시간 후면 베트남 다낭 국제 공항에 도착할 예정이었다. 하얀 구름 속을 훨훨 날아가는 비행기에 몸을 싣고 있으니 삶이 어디론가 나아가는 듯했다. 여느 때라면 모니터 앞에서 펄쩍펄쩍 뛰며 스텝을 가르칠 시간인데, 여유롭게 기내 커피를 마시며 창밖을 바라보다니. 정말이지 인생은 한 치 앞을 알 수 없다. 2주 가까이 일을 제쳐두고 집을 떠나 지구촌 어딘가로 날아갈 줄이야.

아이들을 만난 건 입국하고 다음 날이었다. 차를 타고 장애아동 학교로 향하는 흙길을 굽이굽이 지나는 동안 민가와 구멍가게들이 차창 밖으로 스쳐 지나갔다. 함석지붕에 흙담으로 지은 낮은 집들, 대문이랄 것도 없이 나무 울타리를 친 풍경은 한적하고 단조로웠다.

"십 분 뒤에 도착합니다."

직원의 말에 가슴이 쿵쾅거리기 시작했다. 아이들은 어떤 모습일까? 날 기다렸을까? 무슨 말을 건네야 하지? 머리가 복잡했다. 그런데 내가 왜 이러지? 습습한 공기, 치렁치렁 늘어진 나무들, 까무잡잡한 피부의 사람들, 모든 게 낯설게 느껴졌다. 얼마나 지났을까. 기다란 학교 건물이 눈앞에 나타났다. 학교 지붕 꼭대기에 꽂힌 붉은 깃발이 펄럭이며 내 맘을 휘저었다. 뜻 모를 베트남어로 쓰인 현판을 보자 손에서 땀이 나고 입이 바싹 마르기까지 했다.

교직원의 안내를 받아 연습장으로 사용할 체육실에 도착했다. 주황색 메디피스 조끼를 입은 내가 들어서자 녹색 인조 잔디 한가운데 아이들이 모여 나를 일제히 바라봤다. 까만 구슬 같은 눈동자가 여기저기서 반짝거렸다.

'어, 영상에서 본 아줌마. 셔플 추던 아줌마인가?'

영상과는 달리 선글라스를 벗은 낸 모습에 그런가 아닌가 헷갈려하는 눈치였다. 수줍은 건지, 긴장한 건지 아이들은 벽에 바짝 붙은 채 나를 빤히 바라봤다. '반가워요. 근데 난 당신이 낯설어요.'라는 듯이.

잠시 정적이 흘렀다. 현지 학교 선생님이 베트남어로 나에 대해 말했다. '댄싱 다연', '셔플', '유튜브' 간간이 들리는 단어에 귀를 쫑긋 세우며 눈치껏 알아들었다.

아이 몇 명이 내게 쭈뼛쭈뼛 다가왔다. 내가 "안녕?" 먼저 인사를 건네며 아이들의 등을 쓰다듬었다. 통하는 언어가 없고, 또 일부 아이들은 아예 듣지를 못하니 온갖 몸의 언어를 동원해야 했다. 내가 할 수 있는 거라곤 손을 내밀거나 흔들거나 입을 크게 벌리며 웃어주는 정도였다.

"자, 이제 춤 한번 연습해 보자."

사전에 연습 영상을 찍어서 보내주었던지라, 아이들은 셔플을 어느 정도 익힌 상태였다. 앞줄에 쪼르르 서 있는 아이들은 청각 장애가 있었다. 음악이 들리지 않은 상태에서 박자에 맞추어 춤추는 게 얼마나 큰 도전이었을까. 춤을 추려면 무엇보다 신나는 상태여야 한다. 그래야 몸을 들썩거리며 박자를 맞출 수 있다. 그런데 음악이 없는 상태에서 어떻게 춤출 수 있지? 선생님이 원 투 쓰리 하며 벙긋거리면 그 입 모양을 유심히 살피며 혼자 카운트를 세었겠지. 그러면서 아이는 자기만의 박자와 리듬을 타기 시작했을 것이다. 그렇게 신체적 한계를 넘어서기까지 얼마나 많은 허들을 건너왔을까? 신나게 팔다리를 흔드는 아이의 몸짓 하나하나가 우렁차 대견해 보였다.

"자, 애들아, 이제 춤추는 모습을 촬영할 거야."

카메라가 사방으로 돌며 연습하는 현장을 담기 시작했다. 주변을 의식했는지, 잘해야겠다는 의욕이 일었는지 아이들은 두 볼이 복숭아처럼 발그레 달아오른 상태로 껑충껑충 뛰기 시작했다.

나는 아이들 사이를 돌아다니며 열띤 모습에 등을 두드리고 엄지를 치켜올렸는데, 등 뒤로 벽에 정물처럼 기댄 아이 몇이 보였다. 몸이 뒤틀리거나, 신체를 움직이기 힘든 아이들은 관객처럼 벽에 붙어서 친구들이 춤추는 모습을 멀거니 바라봤다. 잔잔한 아이들의 눈빛에는 어떤 갈구가 있었다. 공간을 가득 메운 경쾌한 비트에 몸과 마음이 들썩거릴 텐데…. 춤을 추고 싶어도 손가락 하나 까딱할 수 없고, 자리에서 벌떡 일어날 수도 없는 아이들. 하지만 그 마음을 다 헤아리기에는 나는 한 명 한 명 동작을 바로잡기에도 바빴다. 캠페인을 알리기 위한 영상을 여러 번 촬영해야 했다. 한 번 더 하자는 말에 '내가 못해서 그런 건가?' 싶었는지 아이들이 시무룩해졌다.

"아냐, 잘하지 못해서가 아니야. 더 잘할 수 있어서 그런 거야."

아이들을 다독이며 몇 차례 시도 끝에 촬영이 마무리됐다.

대화는 연습을 마치고 다과 시간에 주로 이루어졌다. 한 아이가 과자를 먹지 않고 집에 가져가겠다고 했다. 이유를 물으니 엄마를 줘야 해서란다.

"괜찮아, 한 봉지 더 줄게. 이건 너 먹어."

그래도 아이는 고개를 절레절레 흔들었다. 이유를 물으니 이번에는 아빠도 줘야 해서란다. 그럼 과자 두 봉지를 더 주겠다고 했더니 그래도 안 먹겠단다. 왜 그러냐고 물을 때마다 과자를 줘야 하는 명단이 줄줄이 늘어났다. 엄마, 아빠에 이어 할머니, 첫째 동생, 둘째 동생, 거기에 옆집 아무개까지….

"총 몇 명이니? 다 챙겨줄게."

아이는 그제야 봉지를 뜯어 야금야금 먹기 시작했다. 손바닥만 한 과자 한 봉지를 앞에 두고 여덟 살 아이가 가족을 먼저 떠올리다니. 둥글고 품이 넉넉한 그릇 같은 그 마음을 어루만져 보았다. 주변을 챙기고 사랑할 줄 아는 아이는 얼마나 건강한가. 이런 아이를 신체가 불편하다는 이유로, 가난하다는 이유로 섣불리 동정으로 대하려 했던 건 아니었을까. 그 아이가 나보다 행복하리라는 확신이 들자 나도 모르게 부끄러워졌다.

사춘기 여학생 삼인방도 유독 눈에 띄었다. 다운증후군 특유의 동그랗고 오목조목한 얼굴에 아이들은 하얗게 분을 발랐다. 연분홍 입술에는 설레임이 가득 묻어났다. 뭐가 그리 좋은지 안 그래도 과한 볼터치로 발그레한 볼은 갈수록 더욱 홍조를 띠었다. 패션의 완성은 신발임을 아는지 앙증맞은 핑크색 슈즈를 신고 교복 치마를 나풀거리며 몸을 흔들었다. 머리부터 발끝까지 동작이 다 틀렸다. 그래도 아이들은 개의치 않았다. 내가 제일 잘나가 노래하는 아이돌처럼 흥에 취해 교실을 누볐다.

마지막 날에 만난 아이 엄마들도 사춘기 소녀 삼인방에게 뒤질세라 한껏 멋을 부리고 나타났다. 얼굴에 곱게 화장을 하고 머리 곳곳에 핀을 꽂아 볼륨감을 살렸다. 난감했던 건, 엄마들 전원이 구두를 신고 나타났다는 점이었다. 이번 힐링 프로젝트는 엄마들이 셔플댄스를 통해 그간 아이들 양육에 지친 몸과 맘을 충전하자는 취지였다. 엄마들은 아마도 이곳을 교실이 아니라 근사한 무도회장으로 받아들인 모양이었다. 굽이 달리거나 딱딱한 밑창이 깔린 구두를 신고 폴짝폴짝 뛸 수는 없는 일. 뒤꿈치가 얼얼하더라도 할 수 없이 맨발로 연습할 수밖에 없었다. 본래 운동화를 신고 연습해도 무릎과 발목이 아플 수 있기에 어떻게 하면 가뿐하게 스텝을 가르칠 수 있을까 고민했었다. 그런데 웬걸, 엄마들은 맨발의 투혼을 발휘했다. 행여라도 스텝을 놓칠세라 눈에서 레이저가 나올 기세로 집중했다. 런닝맨 스텝을 익히자 땀으로 흥건한 얼굴에 미소가 차올랐다. 근심이라곤 전혀 없는, 앳된 소녀처럼 뛰어놀았다. 나도 덩달아 신이 나 토끼처럼 깡총거렸다.

아이들이 나를 그림자처럼 따라다니며 했던 말은 '나도 할 수 있어요?'라는 물음이었다. 작고 가느다란 몸을 휠체어에 기댄 채 내게 물었다.

"저도 이다음에 선생님처럼 유튜브에서 활동할 수 있어요?"

"나도 춤 잘 출 수 있어요?"

아이에게 내가 해줄 수 있는 건 말뿐이었다.

"그럼, 충분히 할 수 있지. 몸을 자꾸 움직이려고 노력해 봐. 재활치료 열심히 받고, 하체 운동도 꾸준히 해서 근육을 키우면 돼."

나는 댄스가 주는 활기가 아이들의 몸으로, (몸으로 전해지기 힘들다면) 마음으로 전해지길 바랐다. 자신의 할머니와 친구 격인 57세 댄싱 다연을 보며 희망 편에 서서 자라나기를 바랐다.

'말하지 않아도 알아요. 그저 바라보면 마음속에 있다는걸.' 옛날 '초코파이' CM송처럼, 사람과 사람 사이에는 말로 표현하지 않아도 알 수 있는 이심전심이 있다. 울타리가 허물어지고 있다는 느낌, 더 나아가서는 곁에 있고 싶을 만큼 좋다는 애착. 함께하는 시간이 흐를수록 아이들은 휠체어를 타고 슬금슬금 다가와 내 팔뚝이며 허리에 살을 붙였다. 손을 내밀고 내 눈을 들여다보았다. 서로의 얼굴이 낯설지 않을 즈음, 아이들이 재잘대던 베트남어가 친근하게 느껴질 즈음, 나는 마지막 인사를 건네야 했다.

"얘들아 안녕, 다음에 또 올게."

학교 문을 나서기 전에 손을 흔드는데, 몇몇은 배웅이라도 하듯 나를 따라왔다. 일부는 가까이는 오지 못하고 여전히 벽 뒤에 숨어서 고개만 내밀고 먼발치서 나를 바라봤다. 또 오겠다는 말은 아쉬움에 나온 빈말이면서도, 나는 정말 다시 와야겠다는 마음에 그 말을 하지 않을 수 없었다.

귀국 후 며칠간 쉽게 잠이 오질 않았다. 일상이 힘들 정도로 아이들 모습이 시도 때도 없이 아른거렸다. 몸은 전북 군산에 있는데, 마음은 숲으로 둘러싸인 꽝찌성 장애아동 학교에 머물렀다. 가느다란 팔을 공중에 휘적이던 아이, 다리가 휘어 헛발질하던 아이, 휠체어에 앉아 내게 내민 손, 잘했다는 말에 배시시 웃는 얼굴이 하나하나 떠올랐다. 화장을 곱게 했지만, 고된 일상의 흔적까지는 가리지 못한 엄마들의 얼굴도 스쳐 지나갔다.

나는 나에게 묻지 않을 수 없었다. 왜 그 멀리 꽝찌성까지 갔느냐고. 그곳에서 무얼 하고 왔느냐고. 베트남행 비행기를 타고 출국하던 날 내 마음도 비행기와 함께 붕 뜨기 시작했다. '캠페인 대사 제안도 받고, 나 이제 유명해졌나 봐.' 우쭐대는 마음으로 남들이 놀랄 만한 영상을 보란 듯이 남기고 싶었다. 멋들어진 영상을 찍어 조회 수를 올리고, 나를 알려야겠다는 계산을 하진 않았었나? 아이들에게 미안했다. 물론 메디피스 캠페인을 알리기 위해 영상을 촬영하러 떠난 건 맞지만, 내 방문의 주된 목적이 어느 쪽이었는지 되묻지 않을 수 없었다.

아이들에게는 무료한 일상에 찾아온 선물 같은 날이자 손꼽아 기다리고 기다려온 날이었을 텐데 벽 뒤에 숨은 아이에게 다가가 손이라도 잡아줄걸, 마지막 날 먼발치에서 보고만 있던 아이에게 다가가 꼭 안아줄걸. 너는 사랑받아 마땅한 소중한 사람이라고 전해주고 올걸….

그 후로 몇 달이 흘렀다. 베트남에 대한 기억에서 벗어나 일상을 보내던 중 메디피스에서 연락이 왔다.

"지난번 방문했던 베트남 장애인 학교 중 한 곳에서 셔플댄스를 정규 수업으로 정했다고 합니다."

"어머나 그래요?"

기쁘면서도 놀랍고, 어리둥절해 한동안 멍했다. 아이들이 나와 함께한 수업을 그리워했고, 다연 선생님은 또 언제 오냐며 시무룩한 표정을 지었단다. 놀라운 소식이 하나 더 있었다.

"그 수업 이름이 다연이에요."

"네?"

"영어, 수학 수업하듯 다연 수업이 생겼다고 합니다."

뛸 듯이 기쁘면서도 예상치 못한지라 어안이 벙벙했다. 댄싱 다연과 함께 신나게 몸을 흔들고 웃으며 보낸 순간이 아이들에겐 어떠한 의미였을까.

'사는 게 이토록 즐거운 거야.'

'나도 할 수 있어.'

'이왕 하는 거 잘하고 싶어.'

수업에서 느낀 희망, 기쁨, 의욕, 그 자그마한 씨앗을 아이들은 가슴에 심었던 게 아닐까. 그 씨앗이 잊히지 않도록, 삶에 뿌리내리고 무럭무럭 자라도록 수업을 이어가고 싶은 게 아니었을까. 그 마음을 헤아리니 고마움에 코끝이 찡하게 울리면서, 나 자신을 돌아보게 되었다.

스텝을 밟고 영상을 찍다가도 아이들의 얼굴이 문득 떠올랐다. 발을 구르며 까르르 웃는 소리가 귓가에 울릴 때면, 내 입가엔 미소가 번졌다.

'제대로 해야겠구나. 잘 살아야겠다.'

애초에 버킷리스트가 존재해야
이룰 맛이 나지

수업을 하고 공연을 준비하는 일상으로 돌아왔다. 댄싱 다연으로 사는 건 똑같은데 활동 반경은 전국으로 넓어졌다. 쉘위셔플 워크숍에, 공연에, 심사로 한 주 동안 서울, 대전, 부산을 넘나들었다. 지난해부터 메디피스 힐링 프로젝트에 참여하면서 심지어 활동 반경이 (거창하게 표현하자면) 아시아 대륙을 넘어 태평양 바다 건너로까지 나아갔다. 집과 치료실만 오가던 일상이 춤 하나로 이렇게 달라질 줄이야.

활동 반경이 달라진 만큼 삶 또한 다채로워졌다. 2년 전, 퇴근 후 연습실을 오갈 때만 해도 춤은 취미로 즐겼을 뿐이었다. 그러다 온라인에 내 건물을 짓겠다면서 어쩌다 댄싱 다연으로 거듭났고 중년에게 셔플 댄스를 가르치게 되었다. 배울 곳이 마땅치 않아 더듬더듬 익힌 춤으로 누군가를 가르칠 줄이야. 여기서 끝이 아니었다. 인생은 알 수 없다더니, 이제 나는 '댄싱 다연'이란 날개를 달고 물 건너 해외로까지 진출하게 된 것이다.

돌이켜 보면, 중년에 이르러 인생의 모양새를 단정 짓는 일은 얼마나 고루한가. 축구에 비유하면, 후반전이 시작되기도 전에 패배감에 젖어 자살골을 넣는 것과 뭐가 다른가.

'이 나이에 무슨…. 내가 뭘 할 줄 안다고. 귀찮게 뭘 해.'

마음을 접고 몸을 접어 인생이 굳어가도록 방치하는 건 삶을 나락으로 몰고 가는 자살행위나 마찬가지다. 지금껏 살아오면서 내가 가장 잘한 일을 꼽으라면 바보같은 '무모함'을 포기하지 않은 일이다.

"요새 누가 셔플댄스를 춥니까?"

"돈도 안 되는 춤을 뭐하러 춰. 차라리 물건을 팔지."

누군가 내 스텝에 제동을 걸 때면 '그런가?' 하며 마음이 쓰였지만 그 말들이 나를 회유하지는 못했다. 지금껏 머릿속으로 계산기 두드리며 살아봤더니 인생이 과연 행복했나? 나에게 물었을 때 '행복'이란 단어가 피부로 느껴지지 않았다. 따뜻한 커피잔을 매만질 때 손에 전도되는 온기, 꽃향기를 맡을 때 코에 전해지는 향긋함처럼 행복이란 티끌처럼 사소한 것인데, 오십 평생 흔하디흔한 행복을 감각하지 못한 채 살아온 걸 뒤늦게 알았다. 나는 그제야 인생에서 해온 것에 대한 행복보다 하지 못한 것에서 오는 아쉬움이 크다는 걸 알아 버렸다.

'하고 싶어, 하고 싶어.'

가슴 밑바닥에서 사무치듯 올라오는 목소리. 머리카락부터 발끝까지 나를 뒤흔드는 목소리에 이끌려 몸이 나아가고 삶이 나아가야 했다.

베트남을 다녀오고 다음해 가을, 나는 페루로 향했다. 메디피스 사무실에서 페루 방문에 대해 처음 들었을 땐 속으로 물음표를 찍었다. 페루가 어디지? 지구본을 돌리고 돌려도 찾기 어려울 만큼 나에게 페루는 먼 나라였다. 페루는 지도상 남미 대륙에 위치했고, 열대 우림이 무성한 아마존, 쌈바 축구로 들썩이는 브라질과 옆구리를 나란히 맞댄 나라였다. 비행 시간만 24시간이 넘는다니 옴마야, 멀긴 어지간히 멀다. 지구 반 바퀴를 돌아 낯선 나라에 아이들을 만나러 가는 길은 설레면서도 한편으론 봇짐처럼 묵직한 임무를 등에 업은 심정이었다.

비행길 중간에 뉴욕을 경유했다. 거기서 13시간 머물며 잠시 뉴욕커가 되어보기로 했다. 어딜 가면 좋을까? 문득 예전부터 가고팠던 뉴욕의 명소, 브루클린 브릿지가 떠올랐다. 영화에서 스파이더맨이 거미줄을 척척 휘감으며 날아다니던 그 다리. 구름 한 점 없는 가을 하늘 아래서 나는 뉴욕의 마천루를 거닐며 저 멀리 손 흔드는 자유의 여신상을 바라봤다. 높은 곳에서 현란한 대도시를 내려다보니 첨엔 아찔했다. 브릿지 난간에 한참 기대서 있으니 솔솔 부는 강바람에 머리가 살랑거리고 목덜미에 시원함이 감돌았다. 이게 꿈인가 생시인가. 영화〈타이타닉〉의 여주인공처럼 두 손을 날개처럼 펼치고 외쳐보고 싶었다. "I'm flying(나는 날고 있어)!"

살다 보면 어느 순간 '어, 내가 지금 여기 있다니!' 하며 감격할 때가 있다. 죽기 전에 인생에서 꼭 한 번쯤 가보고 싶은 장소가 있지 않나. '언젠가 브루클린 브릿지를 거닐고 싶다.'라고 오래전 버킷리스트에 담아 두었는데, 그 '언젠가'가 오늘이 되다니. 나는 브루클린 브릿지 위에서 구름 위를 걷는 기분에 사로잡혔다. 어제는 한국, 오늘은 미국, 내일은 페루. 잠자고 눈뜰 때마다 일상이 이토록 새로울 수 있다니.

노천카페에서 거품 가득한 카푸치노를 마시고, 맛집을 찾아다녔다. 하루가 저물자 영화 〈해리가 샐리를 만났을 때〉 속의 해리와 샐리가 만난 엠파이어 스테이트 빌딩 꼭대기가 저 멀리서 별똥별처럼 빛났다.

내 인생의 기적은
내가 만든다

다시 페루행 비행기에 올랐다. 스르르 잠이 들었다 깨보니 어느덧 페루였다. 수도 '리마'에서 다시 비행기를 타고 '이키토스'로 향했다. 거기서 또 배를 타고 '벨렌'이라는 지역까지 이동했다.

빈민촌이라는 표현을 썩 좋아하지 않지만, 강어귀에 다다르면서 눈 앞에 펼쳐지는 마을을 묘사할 다른 단어가 떠오르지 않았다. 1950~60년대 사이에 시간이 멈춰 버린 느낌이랄까. 한바탕 전쟁이 덮친 마을에 사람이 그대로 들어가 사는 모양새였다. 강풍이라도 불면 그대로 날아가 버릴 듯한 집들이 마을 어귀에 몸을 맞댄 채 간신히 버티고 서 있었다.

벨렌에 도착하고나자 나는 할말을 잃었다. 뉴욕에 있다가 이곳에 오자 세상의 극과 극을 오간 기분에 넋 나간 표정으로 서성거렸다. 깡통과 비닐봉지 같은 쓰레기가 사방에 널려 걸을 때마다 발에 치였다.

"쓰레기가 왜 이렇게 많나요?"

"아마존 강이 범람해서 마을이 물에 잠기면 그때 쓰레기가 떠밀려 와요."

이런 곳에서 어떻게 사는 걸까. 흙탕물로 몸을 씻고 목을 축이고 밥을 한다고 했다. 아이들이 기생충을 몸에 키우며 살다가 빈혈로 쓰러진다는 사실이 실감이 갔다. 나 어릴 적에 기생충 때문에 배앓이를 하고, 이가 들끓어 머리카락을 싹둑 잘라 버렸는데, 벨렌의 아이들은 사오십 년 전 세상에 그대로 살고 있었다.

흙길을 걸어 올라가자 학교가 보였다. 앙상한 골조가 훤히 들여다보여 가건물인가 했는데 이곳이 학교라니. 학다리처럼 긴 나무 기둥이 육중한 학교 건물을 지탱하고 있었다. 얼핏 수상가옥 같기도 했다. 아니나 다를까 강물이 범람하면 학교가

물에 잠기고 아이들은 뗏목을 타고 등교한단다. 이 길을 신발도 없이 다니는 아이들. 내가 보기엔 일상이 극기 체험이나 다름없었다.

"자, 저기가 입구입니다."

동행한 메디피스 직원의 안내를 받아 모퉁이를 돌자마자 아이들의 함성이 터져 나왔다.

"아! 올라! 올라! 그라시아스. (어서오세요. 감사합니다.)"

아이들이 계단 양 옆에 일렬로 앉아 있다가 기다렸다는 듯 풍선을 흔들며 소리쳤다. 파랑, 보라, 노랑…. 색깔도 다양하지, 갓 돋아난 새싹 같은 입을 풍선 주둥이에 대고 얼마나 바람을 불어넣었을까. 풍선을 불다 벌겋게 부풀어 올랐을 얼굴을 상상하니 가슴이 뭉클했다. 조약돌처럼 작고 맨질맨질한 얼굴들이 층층이 붙어 앉아 박수하며 뭐라고 재잘거렸다. 내 인생에 이토록 황송한 환대를 받아본 적이 있나 싶었다. 내가 뭐라고 아이들이 나를 이렇게 맞이한담. 혹시 평범한 아줌마가 아니라 유명한 연예인이 왔다고 착각한 건 아닐까. 암튼 이 마을에 피부색이 다른 손님이 온다는 게, 게다가 할머니 친구 같은 사람이 와서 춤을 가르친다는 게 신기하면서도 반가운 일인가 보다.

학교 운동장에 전교생이 모여 춤을 추기로 했다. 아이들은 뭔가 보여주겠다는 듯 황금색 조끼를 반짝이며 나타났다. 엉덩이를 씰룩거리더니 히죽히죽 웃어댔다. '아직 시작도 안 했는데 뭐가 그리 좋지?' 하던 찰나 몇몇이 다가와 내 팔뚝 살을 매만졌다. 그러다 허리를 덥석 끌어안았다. 내 품에 콕 박혀서는 목젖을 훤히 드러내며 웃는데, 그 모습에 나는 한동안 입을 다물지 못했다. 내 눈과 귀를 1급수 시냇물로 씻어낸 느낌이랄까. 어쩜 이리 해맑을 수 있을까. 아이들의 얼굴엔 가난에 찌든 얼룩이라고는 티끌만큼도 찾아볼 수 없었다.

딴따딴다 딴따딴다

음악이 나오자마자 아이들은 남미 대륙을 점령했던 잉카 제국의 후손 아니랄까 봐 혀를 내밀고 발을 쿵쿵 구르기 시작했다. 곡식을 추수하는 농부처럼 손으로 쿵 찍고 들어올리기를 반복하면서 몸을 사정없이 흔들었다. 이건 뭐 런닝맨이니 T스텝이니 할 것도 없이 몸이 이끄는 대로 춤을 추었다.

"얘들아, 요즘 숏츠에서 유행하는 〈아파트〉에 맞춰서 같이 춰볼래?"

"아파트?"

아이들은 그게 뭐냐고 반문했고, 나는 휴대전화를 내밀었다. (혹시 1982년 유행한 윤수일의 〈아파트〉로 이해한 독자가 없길. 이 아이들은 그때 태어나지도 않았다.) 로제와 브루노 마스가 부른 〈아파트〉는 발매되자마자 빌보드 핫100을 차지했고, 공개된 지 두 달여 만에 조회 수 6억 뷰를 기록했다. 내가 페루에 방문할 당시 〈아파트〉 붐으로 지구가 들끓을 정도였다. 그런데 아이들은 최신 문명과는 동떨어져 사는지 어리둥절했다. 로제? 브루노 마스? 아파트? 부랴부랴 영상을 보여줬지만 부시맨이 정글에 떨어진 콜라병을 본 듯한 표정을 지었다. 그런데 〈아파트〉는 몰라도 케이팝은 좋아한단다. 셔플댄스를 연습하진 않았지만, 춤추는 건 즐겁단다. 그럼 됐지 뭐.

"자, 두 발을 벌렸다가 한 발로 서 보는 거야. 하나둘 하나둘."

내가 동작 하나만 보여주면 아이들이 달려들었다. 방방 뛰고 키득거리고 들이대고. 삶에 열의가 가득한 아이들과는 뭘 해도 흥이 났다.

몇 시간의 짧은 만남을 뒤로하고 쓰레기더미를 걸어 나왔다. 돌아가는 길, 뗏목은 물길을 내며 나아갔다. 먼발치서 양손을 깃발처럼 펄럭이는 아이들의 모습을 한동안 눈에 담았다. 잿빛이 얼룩덜룩한 집더미 위로 아이들의 웃음은 구름처럼 하얗고 투명해 보였다. 시야에서 멀어져 사라질 때까지 손을 흔들고 또 흔들었다.

　지구상에서 가장 오염되지 않은 존재는 아이들이 아닐까 싶다. 말로 형용할 수 없는 여운이 밀물처럼 몰려왔다. 뭔지 모를 미안함, 아쉬움이 한데 뒤섞인 채 나는 그곳을 떠나야 했다. 고만고만한 높이의 집들 위로 푸른 하늘이 한없이 펼쳐졌다.

불행은
마음의 가난에서 올 뿐

이튿날에는 수도 리마 변두리에 위치한 학교를 방문했다. 걸어서 올라가다가는 들것에 실려 내려올 수도 있다는 말에 바퀴가 세 개 달린 뚝뚝이를 타고 올라갔다. 좁고 울퉁불퉁한 길을 지나 오르고 또 오르니 산꼭대기에 허름한 건물 하나가 보였다.

"다 왔습니다."
"엥? 간이 건물 같은데, 여기도 학교라고요?"

학교는 산 중턱에 위치했다. 각이 지고 네모난 임시 컨테이

너 숙소 여러 개가 붙어 있는 것 같았다.

"어쩌다 산 중턱에 학교가 지어졌나요?

"산꼭대기에 사람들이 하나둘씩 무허가 집을 짓다가 군락을 이루었죠. 그게 하나의 마을이 되었고요."

집마다 애는 태어나는데 근처에 학교가 없으니, 이런저런 지원을 받아 마을 안에 학교가 겨우 꾸려진 셈이었다.

내가 방문한 날 학교에서는 페루, 베네수엘라, 한국 세 나라의 문화교류 행사가 열렸다. 멀리 코리아에서 손님이 왔다며 아이들은 색연필로 태극기를 그려 기둥 곳곳에 붙여 두었다. 내 얼굴만 한 태극기가 기둥에 붙어서는 산바람에 부르르 몸을 떨었다.

"자, 자리에 앉으세요."

학교 교장은 나를 포함한 일행을 귀빈석으로 안내했고, 나는 가는 곳마다 환대를 받으며 박수로 공연을 관람했다.

현지 언어를 이해하지 못해도 아이들을, 또 공연을 이해하는 데 큰 무리가 없었다. 언어를 뛰어넘는 보편적 정서를 건드린다고 해야 할까. 이루어질 듯 말 듯한 남녀 간의 사랑을 절절한 멜로디로 전하기도 했고, 엄마와 딸의 인생을 다룬 모노드라마도 펼쳐졌다. 한편이 끝나 주인공이 사라지면 다른 편이 시작되었다. 공연은 밀물과 썰물처럼 끝없이 이어졌다. 먼 나라에서 손님이 왔다며 전교생이 공연에 참여한 듯했다. 어찌나 공들여 공연을 준비했는지 공연을 보는 내내 뱃속에서 천재지변에 가까운 굉음이 나는 것도, 화장실에 가고 싶은 것도 잊었다. 만나고 헤어지고, 아이가 어른이 되고, 강물처럼 잔잔히 흐르는 공연은 넓고도 깊었다. 아이들이 내게 준 마음도 그러했다. 공연을 마치자 아이들은 줄을 서서 한 명씩 다가와 내 품에 안겼다.

"그라시아스.(감사합니다.)"

자그마한 체구와 보드라운 머리카락이 가슴팍에 닿았다. 내가 무얼 했다고 고맙다는 걸까? 아이들을 안고 또 안으면서 나는 빈민촌 아이들을 위해 봉사한다는, 어떠한 '무게'를 내려놓았다. 나눈다는 것은 능력이나 크기의 차원이 아니라 마음의 문제였다. 상대에게 무엇을 준다기보다 자신을 열고 다가가 '함께'하는 것에 가까웠다. 아이들은 나 같은 이방인에게 활짝 열려 있었다. 열렬히 공연하고 다가와 얼굴을 부비고 끌어 안고. 새까만 구슬 같은 눈동자들이 나를 보고 반짝거리자 밤하늘의 총총한 별을 마주하는 듯 황홀했다.

공연이 끝나고 점심시간이 되었다. 학생 엄마들이 잔칫날

저리 가라 전통음식을 준비해 왔다. 교실 벽을 따라 고기며 튀김이며 구이며 때깔 좋은 음식들이 한 줄로 늘어섰다. 나는 자리를 잡고 앉아 먹다가 한 접시를 비웠다. 그러자 기다렸다는 듯 어디선가 흙빛 팔뚝과 함께 새로운 음식 한 접시가 스윽 나타났다. 고개를 드니 씨익 웃으며 맘껏 먹으란다. 배가 불렀지만 그렇다고 못 먹겠다고 할 순 없는 노릇이었다. 두 볼을 씰룩거리며 또 먹었다. 먹다가 눈이 마주치면 터질 듯한 두 볼로 있는 힘껏 미소를 지었다. 한 손으로는 '따봉'을 외치면서.

얼마가 지났을까. 진짜 더는 못 먹겠다 싶은데, 접시가 비면 어디선가 또 한 접시가 날아왔다. 난감했다. 머리에 이고 등에 지고 싸 온 음식인데 못 먹겠다고 할 수도 없고. 음식이 입에 맞냐며 지켜보는 마당에 어쩌겠나. 한입 베어 먹고는 오물오물했더니 흡족해하는 눈치다. 그날 내 위장은 이게 무슨 사태인가 싶어 놀랐는지 밤늦게까지 '꿀꿀' 소리를 내며 울어댔다. 장운동이 활발했는지 이튿날 나는 화장실 변기에서 몇 년 만에 처음으로 '거대한 일'을 치루었다.

일정 중간에 메디피스 페루 지부장은 의료 봉사를 하면서 고민하는 지점을 내게 털어놓았다.

"여기 사람들은 비록 가난하지만 불행하다고 생각하진 않아요."

　가난과 불행이 별개라는 말에 나는 고개를 끄덕였다. 세상 좋은 걸 다 가진 듯한 아이들 표정을 보니 불행은 물질이 아니라 마음의 가난에서 오는 게 분명했다. 반갑고, 재밌고, 고맙고. '내가 누릴 수 있는 게 이토록 많구나.' 하는 여유가 아이들에게서 느껴졌다. 여기 아이들은 휴대전화나 게임기는 없지만, 무릎 깨지도록 제대로 놀 줄 안다.

　"사실 이 아이들의 삶을 개선하려고 우리가 노력할 필요가 있을까, 고민도 했어요. 이대로도 불평 없이 잘 살거든요. 아이들이 자라서 다른 지역으로 나가는 경우는 거의 없어요. 지원을 받지 않는 이상 유학을 가거나 나은 교육을 받을 기회가 없는 거죠. 지금처럼 사는 거예요. 그리고 부모들도 아이들 삶이 바뀌길 원치 않아요. 밖에 나가면 돈이 드니까 여기에 안주하는 거죠."

　마을에서 십 분만 걸어가도 대형 몰과 스타벅스가 눈에 띄었다. 그런 도시를 보면 아이들은 주눅이 들고 빈민촌에 사는 것을 부끄러워했다.

　"이 동네가 오지처럼 가려진 건 아니에요. 어쨌든 어른이 되면 넓은 세상에서 사람들과 교류하고 살아가야 하잖아요. 그러려면 지원이 필요해요. 환경도 개선해 주고, 교육도 시키고, 무엇보다도 체내 기생충 때문에 몸이 아프거나 수명이 짧아질 수 있으니, 예방 차원에서 메디피스가 의료지원을 하는 것이고요."

아이들이 자라 세상으로 나아가면 극심한 빈부 격차를 실감해 오히려 실의에 빠질지도 모른다. 부모를 원망하거나 자신이 불행하다고 여길지도 모른다. 나는 무엇보다 아이들이 '넓은 사람'으로 자라나길 바랐다. 환경을 탓하고 부정하면서 삶을 사랑할 수는 없으니까. 어린 시절부터 나는 가난에서 벗어나고자 발버둥 쳤고, 그럴수록 결핍의 늪에 더 빠져들었다. '가난해, 돈을 더 벌어야 해. 더! 더!' 조급함은 나를 질주하게 했지만, 한편으로는 삶에 어떤 한계를 그어 버렸다. 열심히 일한다 해도 깨진 독에 물 붓는 듯한 허기는 채워지지 않았다.

반면 이곳 주민들은 어떤가? 가난하고 질병에 노출되어 있지만, 이방인을 두 팔 벌려 환영하고 가진 것을 아낌없이 나누며 행복해한다. 제멋대로 춤을 추며 배꼽 빠지게 웃을 줄 안다. 나는 아이들이 부모에게 받은 정신적 풍요를 간직하길 바라며 마지막 인사를 건넸다.

"얘들아, 너희는 세상 누구보다 신나게 웃고 춤출 줄 아는구

나. 어떠한 환경에서든 지금처럼 '나'를 믿어주면서 원 없이 뛰고 놀아. 살다 보면 때론 어려움이 닥칠 때도 있을 거야. 그럴 때 55세에 춤추기 시작한 댄싱 다연을 기억해. 그리고 오늘처럼 신나게 춤추면서 인생을 흥겹게 나아가 보자."

나는 '나'를 넘어 '우리'에게
중요한 일을 하고 있는가

출국을 앞두고 주말에 모처럼 여유가 생겼다. 푹신한 이불 속에서 몸을 꼼지락거리며 페루에서의 마지막을 보내려니 뭔가 허전했다. 언제 페루에 또 오겠나 싶어 메디피스 담당자와 잉카 문명의 유적지인 '마추픽추'에 가보기로 마음먹었다. 그냥 가면 될 것을 마음까지 먹은 건 마추픽추가 안데스 산맥에 위치하는데 해발 2,400미터가 넘는 산맥 정상에 있기 때문이었다. 물론 거기까지 두 발로 갈 건 아니고 기차와 버스로 이동하지만, 고산병을 염려하지 않을 수 없었다. 아니나 다를까, 마추픽추에 오르기 전날 해발 3,500미터에 위치한 쿠스코 시내 숙소에서 잠을 잤는데 머리가 지끈거리고 가슴이 답답했다. 속까지 울렁거려 먹지도 못하고 침대에 붙어 버린 신세가 됐다. 이러다 아예 올라가지도 못하는 거 아닌가 싶었다. 다행히 이튿날 기력이 돌아와 정상에 오르기로 했다.

15세기. 지금으로부터 600년 전 남미를 지배했던 잉카 제국은 몰락하면서 산맥 정상에 마지막 요새 도시를 만들었다. 도시는 기암절벽과 밀림, 구름바다에 가려져 아무도 볼 수 없었다. 몇 톤이 넘는 돌을 잘라 산 위로 올려 신전을 짓고 집을 짓고, 잉카인들은 이곳에서 살다 역사 속으로 사라졌다.

높은 곳에서 내려다본 마추픽추는 정교한 미로 같았다. 몰락에 접어든 잉카인들이 은둔하면서 희망을 심었고 삶을 뿌리내렸으며 또 마지막 숨을 거두었다고 생각하니 인생이 무상하다는 상념에 사로잡혔다. 언젠가는 사라지는 인생이라면, 인생을 잘 산다는 게 뭘까. 후회 없이 산다는 게 뭘까. 생각에 잠기다 안개가 자욱한 초원을 걸었다. 잉카인들은 생을 이어가던 터전에서 사라졌고, 그 자리엔 대신 하얀 알파카가 풀을 뜯으며 노닐었다.

마추픽추에 함께 오른 메디피스 담당자들은 페루에 산다.

적십자가 등에 새겨진 조끼 하나 걸치고 멀고 낯선 땅에 터를 잡았다. 메디피스 페루 지부장님은 구호단체에서 일하고 싶어 일부러 간호학을 전공했다. 어떤 분은 해외 대학에서 정치외교학을 전공하고 석사와 박사 학위를 땄다. 영어와 스페인어도 능통하게 구사한다. 사회적 성공을 위해 지구촌 어디든 날아갈 수 있었을 텐데, 이들은 페루에서도 가장 가난한 사람들 옆에 터를 잡았다. 아이들의 배변을 살피고 기생충 검사를 하고 학교마다 구충제를 지원하며 일상을 살아간다.

마추픽추에서 내려오는 길, 지부장님이 말했다.

"지난 여름에 기생충 검사를 했는데 감염율이 매우 높더라고요. 기생충 감염이 심하면 생명까지도 위협받을 수도 있어요."

나는 지부장님이 이곳에서 일하는 이유에 대해 생각해 봤다. 사는 게 아무리 힘들지라도 나를 돕는 한 사람만 있다면 그래도 세상은 살 만하다고 느끼게 된다. 돌아보면 삶을 보온하고 지탱하는 건 구충제 한 알만큼 작은 관심이었다. 미소나 포옹에서, 어린 시절 공짜로 얻은 호빵에서처럼. 지부장님이 한 아이가 무사히 어른이 되도록 돕는 모습을 보니, 구충제 한 알을 건네는 게 얼마나 커다란 일인지 지구 반대편까지 날아와서 일하고도 남을 이유가 되겠다고 생각했다. '나'뿐만 아니라 '우리'에게 중요한 일을 하는 지부장 님이 지구처럼 크게 느껴져 나를 돌아보지 않을 수 없었다.

나는 돈을 벌려고 혈안이 된 사람이었다. '취직해서 얼른 돈 벌자.'고 먹고살 목적만으로 물리 치료사가 되었다. 결혼하고도 굶고 사는 건 아니었지만 행복하기엔 돈이 턱없이 부족하다며 발악했다. 경매를 하고, 부동산에 투자하고, 인플루언서가 되어 떼돈을 벌자고 안간힘을 썼다. 그런데 '돈'만을 위해 시작한 일에는 어떠한 한계가 있었다. 오로지 돈으로만 끝장을 봐야 하는데, 그러다 보면 삶에 모가 나면서 한구석이 무너지는 경험을 하게 된다. 인생이 돈으로만 원활하게 유지되는 건 아니었다.

페루에 처음 올 때는 메디피스 직원을 보고 '이렇게 힘들고 열악한데 왜 이 일을 할까?' 의문이 들었는데, 일정을 마치고 페루를 떠날 때가 되자 나는 다른 생각에 휩싸였다. '그래서 이 일이었구나. 그래야만 했구나.'

메디피스 페루 지부는 이키토스 국립보건센터 안에 있다. 사무실 한쪽에 책상 세 개를 두고 활동을 이어간다. 이 자그마한 책상 위에 펼쳐 놓은 일이 한 아이를, 한 마을을 구하고 살린다. 외로운 구호에 티끌만큼이라도 힘을 보태길 잘했다는 뿌듯함으로, 또 앞으로는 진짜 도움이 되는 사람이 되고 싶다는 벅찬 다짐으로 페루를 떠났다.

행복의 빛깔은
무지개만큼 다양하다

"축하합니다. 사단법인 대한셔플협회에서 주관하는 자격 검정 과정이 심사를 통과했습니다."

-한국직업능력연구원-

한 해를 며칠 남겨두고 날아온 소식에 나는 자리에서 벌떡 일어나 심마니처럼 소리를 질렀다.

"옴마야! 드디어! 드디어! 댄스 지도자 양성 과정을 개설할 수 있게 되었다!"

어젯밤까지만 해도 나는 책상 앞에 앉아 끙끙 앓았다. 일 년 가까이 준비했건만 지도자 과정 개설은 서류 보완을 이유로 번번이 퇴짜를 맞았다. 한 해 동안 애타게 기다렸을 회원들 얼굴이 아른거려 잠을 꼬박 설쳤다. 꿈속에서도 얼굴을 내밀고 '선생님, 언제 돼요?' 내게 물을 것만 같았다. 이대로 한 해가 저물다니…. 그래도 입 다물기보다는 무슨 말이라도 해야 하지 않겠는가. 이불을 뒤척이다 무거운 마음으로 컴퓨터를 켰다.

"여러분, 미안해요. 올해는 안될 것 같아요. 하지만 포기하지 않고 내년에 다시 도전해서 지도자 과정을 열어볼게요. 조금만 기다려 주세요…."

이제 발송만 하면 되는데, 버튼을 누르려니 손가락이 부르르 떨리기 시작했다. 무슨 폭탄물 작동 버튼을 누르는 것도 아닌데 '작정'하지 않고는 누를 수가 없었다. 결국 메시지를 발송하지도, 그렇다고 폐기하지도 못한 채 침대로 몸을 던졌다. 그런데 하루 만에 반전이 일어난 것이다.

"저도 선생님처럼 셔플 댄스를 가르치고 싶어요."

재작년, 줌 수업을 개설하고 몇 달이 지나서였다. 댄스 강사가 되고 싶다는 한 회원의 말을 듣고 난감했다. 강사는 어떻게 양성하는 걸까. 셔플을 추기 시작했을 때, 나는 내가 댄스 지도자가 될 줄은 꿈에도 상상하지 못했다. 셔플러 영상 뒤져가며 주먹구구식으로 익힌 동작들. 나 홀로 춤추고 즐기며 영상으로 남겼을 뿐이었다. 그러다 쇄도하는 수업 문의에 떠밀려 한 번 해보기로 했고, '어쩌다 한 번'이 '업'이 되었다. 지금의 나야 SNS 팔로워가 많고, 또 '댄싱 다연'으로 알려졌기에 홍보를 하면 수강생 모집이 수월한 편이다. 그런데 이제 막 셔플을 배운 회원들은 본인이 누군가를 가르치고 싶어도 홍보가 어려워 모집이 쉽지 않았다. 게다가 주변에서 자격 운운하는 모양이었다. 자격을 갖춘 댄스 강사가 되고 싶다는 문자가 속속 날아들었다. 강사가 되게 해달라는 말이 당황스럽긴 했지만, 중년에 인생의 새 활로를 활짝 열어보겠다는 그 절실함을 알기에 나 몰라라 할 수 없었다.

셔플 댄스는 중년을 다시 태어나게 했다. 꺾이고 지는 꽃으로 치부되던 중년. 그런 구닥다리 중년을 죽이고, 신중년으로 부활하게 했다. '젊은 셔플러들이 하던 동작을 내가 하네. 오! 된다, 된다.' 몸부림 끝에 자기 안의 가능성을 이제야 찾았고, 씨앗에서 싹을 틔워보겠다는데 내가 어찌 저버릴 수 있단 말인가.

"문화센터나 구민회관에 시민 강좌 있잖아요. 그런 곳에서 셔플을 가르치면 어때요? 댄싱 다연이 하는 셔플 수업을 들었다고 이력에 넣는 거지."

초짜 같은 내 말에 한 회원이 차근차근 설명해 줬다.

"어느 기관을 가더라도 강사로서 검증된 자격을 요구해요."

"검증된 자격? 그게 뭔데요?"

"선생님, 미용사가 되려면 미용 자격증이 필요하잖아요. 집에서 가위 들고 가족들 머리 몇 번 손질했다고 미용실 개업을 할 순 없잖아요."

그제야 감을 잡았다. 나는 사단법인협회를 세워야 했고, 지도자 과정을 개설할 수 있도록 허가받아야 했다. 그래야 지도자 과정을 통과한 회원에게 강사 자격을 부여할 수 있었다. 그때부터 책 한 권에 담아도 모자랄 '맨땅에 헤딩'하는 이야기가 줄기차게 펼쳐졌다. 사단법인과 회사는 어떻게 다른가. 협회 조직이니 비전이니 교육 일정이니, 뭔 놈의 작성할 서류가 그리 많은지 머리를 부여잡고 씩씩거리기 시작했다. '머리카락 빠지게 준비하면서 이걸 꼭 해야 하는 걸까? 지금처럼 수업하고 좋아하는 걸 하다 보면 더 많은 팬층이 생길 거고 돈 버는 건 문제가 안 될 것 같은데! 강사 자격이 간절한 회원은 스스로 어떻게든 길을 만들어나가면 될 텐데.' 이런저런 생각이 꼬리에 꼬리를 물었다. 하지만 이 또한 내가 만들어야 할 길이라면 일단 해야겠다고 마음먹었다. 몇 개월 서류와 지독한 사투를 벌인 끝에 사단법인은 설립되었는데, 진짜 고비는 지도자 양성 과정에 대한 허가였다.

"커리큘럼 내용이 미비합니다."

"서류를 더 갖추어야 합니다."

"체계적인 교육 과정을 보완 수정해주세요."

살면서 받을 온갖 퇴짜를 일 년간 몽땅 몰아서 받은 기분이었다. 퇴짜를 하도 맞으니 나중에는 퇴짜에도 내성이 생긴달까. 그래 어디 한 번 덤벼 봐라, 이미 엎질러진 물인데 더는 엎지를 수 없을 때까지 가보자는 심정으로 파고들었다. 기초반, 전문가반 커리큘럼을 구성하면서 나는 원점으로 되돌아갔다. 셔플댄스와 관련된 영상을 모조리 뒤지고 해부하면서 커리큘럼을 보완해갔다.

"여기까지가 기본 스텝이야. 중급에서는 응용 스텝을 넣어야겠네."

"리듬과 바운스에 대한 수업도 구상해야겠다."

셔플댄스의 정의부터 동작별 특징과 난이도, 신체 근육의 사용 정도까지 샅샅이 파헤치면서 과정에 체계가 잡히기 시작했다. (고등학교 때 이렇게 공부했다면, 4년 전액 장학금 정도는 거뜬히 받고 대학에 입학했겠다.)

협회를 준비하고 자격 검정까지 근 일 년 가까운 시간이 지나 심사에 통과했다는 소식을 듣자마자 책상으로 부르르 달려갔다.

"자격 검정 과정이 통과되었다는 통보를 받았습니다. 자격증반을 곧 개설할 수 있겠어요. 중년들에게 꼭 필요한 셔플을 같이 만들어 봅시다."

(좀 거창한 표현으로) 나의, 우리의 인생에 새 역사를 선포하는 순간이었기에 망치 대신 키보드 자판을 '탁탁탁' 두드렸다. 발송 버튼을 누르는 순간. "야!" 하는 함성이 전국에서 터져 나오는 상상을 했다.

나는 해외 셔플러처럼 현란한 동작을 추구하지 않는다. 중년도 할 수 있는, 운동 같은 가벼운 스텝의 구조를 원한다. 누구나 셔플댄스를 통해 건강과 활력을 찾는다는 취지로 댄스 지도자 양성 과정을 개설했다. 중년의 댄스 지도자는 어릴 적부터 춤추고 대학에서도 춤을 전공한 댄서들과는 다르다. 전문성이나 능숙도 면에서 한참 부족하기에 오랜 훈련을 거쳐 실력을 향상해야 하는 건 당연하다. 그럼에도 중년에 셔플댄스 지도자로 거듭난 이들에게 늘 하는 말이 있다.

"스스로 해낸 도전에 감격하세요. 할 수 없는 몸으로 해내셨습니다. 더 갈고 닦으며 희망의 증거가 되어주세요."

협회에서 두어 번 자격시험을 치렀다. 합격자에게 자격증을 수여할 무렵, 한 대형 문화센터에서 연락이 왔다. 전국 지점에 셔플 댄스반을 개설하고 싶은데 강사를 섭외할 수 있느냐고 물어왔다. '와! 이럴 수가! 착착 맞아떨어지는구나.' 나는 감탄해 마지않았다. 열성적으로 좋아하던 일이 직업이 되는 덕업일치의 순간이 아닌가.

중년은 핑계를 찾기에 좋은 나이다. 몸이 예전 같지 않아서, 나이가 많아서, 살이 쪄서, '안 된다'를 핑계 삼아 다들 머뭇거리는 나이에 중년 셔플러들은 '된다, 된다, 된다.'를 외치며 전진했다.

'너 즐겁게 살았었잖아. 열정적이었잖아. 도전하고 싶어 했잖아. 춤추고 싶어 했잖아.' 마음속 깊이 들어온 기습 공격에 그녀들은 반응했다. 내가 무얼 하고 싶어 했지? 나는 어떨 때 행복하지? 알쏭달쏭한 채로 셔플에 뛰어들었고, 인생의 수수께끼를 풀어나갔다. '설마 될까?' 하던 일이 눈 앞에 펼쳐지는 걸 기적이라 하는데, 모든 기적은 그녀들 자신이 만든 거였다.

'나'를 믿지 않던 사람이 '나'를 또는 '내 능력'을 믿기 시작하면 한 걸음씩 앞으로 나아간다. 어느덧 '짠' 하고 원하던 내 모습을 마주하기까지 '나'를 끊임없이 다독여줘야 했다.

"기본 스텝을 해낸 게 어디야. 시도한 게 어디야."

"이 힘든 거 배우느라, 나 정말 고생했네."

일 인치만큼의 성장이라도 나를 믿어줄 충분한 이유가 되었다. 살이 찌고, 우울증을 앓고, 암으로 투병하던 내가, 춤이라고는 춰본 적도 없는 내가 중년에 댄스 지도자가 되다니. 이거야말로 어느 챔피언 영화 못지않은 감동 실화가 아닌가.

실화의 주인공 가운데 오십이 훌쩍 넘어 댄서의 꿈을 이룬 지항이 있었다.

지항은 암과 싸워 이기는 중에 셔플 댄스를 배웠다. 어릴 적부터 춤을 좋아했지만 부모의 반대로 무용부에 들어가지 못했다. 키가 작다는 이유로 꿈을 접어야 했다. 스무 살이 되고 마흔이 되어도 춤은 지항의 마음속에 있었지만, 그 꿈이 발아하진 못했다. 운동 삼아 에어로빅을 하며 다시 댄스 강사를 꿈꿨지만, 나이가 많아 불가능하다며 체념했다. (지금 생각하면 나이가 많긴 뭐가 많아! 하겠지만) 부동산 중개업을 하며 반평생 살아오던 그녀는 발그레한 얼굴로 셔플을 추는 중년들을 보는 순간, 가슴 속 깊이 묻어둔 무언가가 치솟았다. 잔잔한 일상에 몰아친 소용돌이. 그녀는 바람이 이끄는 대로 여정을 떠났다. 현재는 셔플을 가르치는 '아리쌤'으로 셔플 실력을 갈고닦으며 제2의 인생을 살아간다.

나는 가끔 강사들에게 춤을 가르칠 때 무엇이 행복한지 묻는다. 행복의 빛깔은 무지개색보다 다양했다. 한 명은 사회복지사로 살면서 고루한 서류작업에 치여 살았는데, 부업으로 댄스 강사를 하게 되자 이제야 살맛이 난다고 했다. 시키는 일만 하다가 이끌고 가르치는 일을 한다는 게 그녀에게는 동력이 되었다. 게다가 소소한 부수입까지 생겨 재미가 쏠쏠하단다. 또 다른 강사는 명예퇴직한 교사였다. 댄스 지도자 과정을 수료했지만 그녀는 자신이 춤에 큰 소질이 없다는 걸 알았다. 대신 잊고 지낸 사업가의 꿈을 살려내 댄스 아카데미를 인수했다. 다양한 댄스 강좌마다 강사를 고용했고, 중년 셔플반에는 본인을 강사로 세워 스스로를 연마하는 중이다.

나는 오늘도 묻는다.

"셔플 댄스를 가르칠 때 무엇이 가장 행복한가요? 나의 행복을 누군가에게 전하세요. 당신의 성장 스토리가 그에게는 희망이 됩니다. 몸치였고 병을 앓았는데 이만큼 성장했다고 전하세요. 그래서 제 2의 댄싱 다연이 되고 또 누군가에게 희망 셔플러가 되도록. 모든 중년이 꿈을 이루면서 즐겁게 사는 거. 가능하지 않겠어요?"

중년에 필요한 건
가장 나다운 인생

춤을 추면서 내 인생에는 놀라운 일들이 벌어졌다. 셔플 수업을 열고 댄싱 퀸 김완선과 같은 무대에 오르고 사업가가 되었다. 춤으로 지구촌을 누비고, 책을 썼다. 여기에 한 가지가 더 해졌다. 어느 날 전화 한 통을 받았다.

"안녕하세요? 인문학 강연회에 댄싱 다연 님을 섭외하고 싶습니다."

태어나 처음으로 강연가로 무대에 서게 되었다. 마이크를 잡고 청중 앞에서 한 시간 동안 무슨 얘기를 한담. 인문학이랑 춤이랑 뭔 상관이길래 나를 불렀을꼬? 인문학하면 문학이나 역사, 철학이 떠오른다. 넓게 보면 인간이 인간답게 살도록 돕는 게 인문학이다. 그런데 인간답게 산다는 건 뭘까? 철학자 같은 질문이라 거창하고 어렵다. '인간'이라는 단어는 우주처럼 광대하니까 줄이고 줄여서 나, 인간 고다연을 대입해 본다.

나답게 산다는 건 뭘까?

돌아보면 사는 게 아리송할 때 비슷한 질문을 던져왔다.

'고다연, 너는 어떨 때 즐거워? 뭘 할 때 행복해?'

가정과 직장에 안착해 인생을 견고하게 다져왔지만, 문틈으로 냉기가 스미는 듯한 썰렁함이 마음 한구석을 늘 비집고 몰려왔다. 그럴 때마다 묻고 물어서 열게 된 내 인생의 2막을 청중 앞에 풀어 놓기로 했다.

셔플 오십스의 무대로 강연의 문을 열었다. 선글라스를 장착하고 몸에 달라붙는 크롭티를 입으면 나는 변신한다. 옆집 아줌마에서 나이를 가늠할 수 없는 댄서로. 이게 진짜 나라구! 아드레날린이 솟구치고 피가 펄펄 끓는다. 나는 몸을 한바탕 흔들었다.

공연을 마치고 강연을 시작하려는 찰나 선글라스를 벗고 돋보기안경을 썼다. 고개를 드니 청중들의 시선이 일제히 나를 향했다. 어디 무슨 얘기 하는지 들어봐야겠다, 하는 표정으로 빤히 바라보는 눈동자. 잠시 정적이 흘렀다. 숨은 차올라서 헉헉대는데 말은 해야겠고. 그런데 무슨 말부터 해야 할지는 모르겠고. '아, 머릿속이 하얗게 된다는 게 이런 거구나.' 싶었다. 숨을 고르며 간신히 입을 뗐다.

"안녕하세요? 반갑습니다."

그런데 목이 잠기더니 급기야 목소리가 나오지 않는 게 아닌가.

"흠, 흠, 잠시만요. 숨을 좀….''

한창 목을 가다듬는데 낯익은 얼굴의 쉘위셔플 회원이 달려와 생수 한 병을 건넸다. 첫 강연이라 많이들 찾아준 회원들이 조마조마한 눈빛으로 나를 지켜보는 게 느껴졌다. 땀 뻘뻘 상태가 된 나는 머릿속에서 여러 단어들이 한데 뒤섞인 채로 무슨 말이라도 내뱉어야 했다.

"그렇다면… 제가… 네…. 오늘 얘기는 나다움에 관한 건데요. 그렇다면 제가 여태까지 춤을 춰본 사람일까요? 제가 프로 댄서일까요?"

화면에는 녹색 의료복을 입고 병원에서 근무하던 모습을 사진으로 띄웠다.

"저는 이런 유니폼을 입고 일했습니다. 35년차 물리 치료사였고요. 나이는 50대 후반입니다."

와, 의외인데? 하는 반응이 여기저기서 나오리라 예상했지만 객석은 잠든 듯 고요했다.

"어? 안 놀라시네요."

불쑥 튀어나온 말에 객석에서 포말같은 웃음이 일었다. 몇몇은 격려인지 웃겨서 그랬는지 박수를 보내주기도 했다. 그때부터 긴장이 슬슬 풀렸고 나는 더듬더듬 말을 이어갔다. 집과 가정만 오가던 워킹맘이 어쩌다 춤을 추게 되었는지 '나'를 찾아온 여정을 조곤조곤 설명했다. 말보다 몸으로 보여주는 게 더 편하니 영화관 스크린만큼 커다란 화면에 준비해 온 내 춤 영상을 틀기 시작했다.

강연 오프닝을 화려한 공연으로 선보인 셔플 오십스. 그녀들이 몇 개월 전 첫 공연을 연습하던 현장부터 공개했다. 화면 속에는 마흔부터 예순까지 다양한 여성들이 일렬로 서서 구령을 외치고 있었다. 하나 두울 세엣 네엣. 뭐가 그리 어설픈지 너는 너대로, 나는 나대로 제멋대로 노는 요지경 세상의 축소판이었다. 가로로 늘어선 그녀들은 폴짝폴짝 스텝을 밟으며 세로로 도열을 바꾸었다. 와! 탄성이 일 만한 화려한 퍼포먼스

이건만, 이건 뭐 스텝을 밟는 건지 막무가내로 뛰는 건지 모를 장면이 연출되었다. 좀 전과는 사뭇 다른 영상을 보고 청중석에서 웃음이 솔솔 흘러나왔다.

이어서 다음 영상을 틀었다. 불이 꺼진 무대 위로 클럽에서 흔히 들을 수 있는 테크노 음악이 흘러나왔다. 쿵쿵 쿵쿵. 빠른 비트와 반복적인 템포. 화면 속에서 나는 청재킷을 입고 머리를 흩날리며 춤을 추었다. T스텝, 찰스턴, 파티머신. 한계를 긋지 않고 자신을 맘껏 풀어주었던 중년 여성의 도전을 전하고 싶었다.

"와 아줌마 멋있어요!"

누군가 소리를 치니 '와!' 환호가 물결처럼 일어났다.

나는 청중들에게 고백했다. 춤이 멋있다며 물개박수를 치는 댓글도 달리지만, 때로는 '장난치지 말고 그만해라. 장난하냐.' 하는 핀잔도 듣는다고. 스치는 말에 살랑대지 않고 인생의 스텝을 코끼리처럼 쿵쿵 밟아가는 담대함이 댄싱 다연을 지켜주었다고.

동작을 반복하고 익힐 때 마음은 뜨겁고 몸은 날아다닌다. 재밌어서 미칠 지경인 일. 해야 하니까 하는 일. 어떤 일을 선택하느냐에 따라 삶의 박자와 리듬이 달라진다. (전자는 BTS의

다이너마이트, 후자는 들을수록 하품만 자아내는 느릿느릿 타령에 가깝다)

이왕이면 경쾌하게 신명나게 춤추듯 살아가는 인생을 살아야 후회가 없지 않을까? 미칠 만큼 재밌는 일을 찾으려면 아이처럼 뛰어드는 수밖에 없다. 순수하게, 무모하게. 그러다 보면 걸려드는 게 있다. 나는 어느 날 셔플댄스 영상을 보는 순간 벼락맞은 듯한 전율이 일었다. 다짜고짜 친구 동생을 찾아가 문워크를 배우던 여고생 고다연, 나이트클럽에서 무아지경으로 춤추던 여대생 고다연이 다시 깨어나 살아나기 시작했다.

어쩌다 마주친 셔플댄스가 마음을 달구면서 '고다연스러움'을 끄집어냈다. '오, 하고 싶다!' 셔플 댄스에 장난꾸러기처럼 뛰어들면서 내 인생은 활짝 만개했다. 배시시 웃고 볼이 발그레한 상태로 내일을 기대하게 되었다.

"댄싱 다연은 예전보다 행복한가요? 삶이 나아졌나요?"

그럼! 두말하면 잔소리다. 중년을 설레게 하는 건 연금이나 임영웅 노래가 아니었다. (그의 노래가 심금을 울리는 건 맞지만, 내 삶 자체를 변화시키지는 못한다) 해내고 싶은 일. 그것에 막무가내 뛰어드는 용기. 이 두 가지가 결합하면 방전된 인생에 찌릿찌릿 전율이 일어난다. 와, 멋지다! 수고했다! 잘했어! 스스로 찬사를 건넬 만큼 '나'에게 홀딱 반할 수밖에 없다. 그 무모함, 도전,

객기로 나는 예전보다 행복하게 산다.

  강연을 마치기 전, 나는 다시 선글라스를 끼고 댄서로 돌아갔다. 원더우먼은 제자리에서 뱅그르르 돌면 말 그대로 '원더우먼(놀라운 여자)'이 되어 괴력을 발휘한다. 나는 선글라스를 끼면 기운이 솟고 눈에 뵈는 게 없어진다. 오선지 위를 오르락내리락하는 음표처럼, 거침없이 경쾌한 고다연으로 변신한다.

  음악이 나오자 아랫배를 앞뒤로 흔들며 리듬을 탔다. 팝의 황제, 마이클 잭슨으로 거듭나는 순간, 다리를 공중에 뻗어 힘껏 발을 차올렸다. '아뵤! 덤벼.' 하는 듯이. 흐느적흐느적 문어처럼 웨이브를 타다가 문워크를 추었다. 문워크의 묘미는 스르륵 미끄러지는 느낌인데, 긴장한 탓에 스텝이 마디마디 뚝뚝 끊겨 버렸다. 뭐 어떤가. 동작은 틀렸을지라도 나는 춤추는 동기부여가로서 한 스텝을 내디뎠다. 저 머리 희끗희끗하고 돋보기 낀 아줌마도 했는데, 나라고 못 할 것도 없지. 나도 한 번 끄집어내 봐? 저질러 봐? 하는 불씨가 객석까지 번져나갔길.

  중년이여! 뜨거워져라.

쉰여덟의
버킷리스트

'서른 살 고다연의 버킷리스트'

월 천만 원 버는 건물주 되기
일 년에 두어 번 해외여행 하기
40평 넘는 집에 살기
…

본래 나는 경제적 자유를 내 인생의 1순위로 두었다. 통장에 돈이 차곡차곡 쌓이거나 어디선가 작은 부수입이라도 생기면 기쁨에 취해 콧노래를 불렀다. 돈이 행복을 보장해 줄 거라 믿으며 살았다. 부자 되기 말고도 이루고픈 게 있다면, 영어를 잘하는 것이었다. 아이를 낳기 전부터 영어 테이프를 틀어놓고 틈나는 대로 중얼거렸다.

"하우아유?" (How are you?)

"아임 파인. 쌩큐 앤쥬?" (I'm fine. Thank you and you?)

데굴데굴 굴러가는 영어 발음이 근사하게 들렸고, 영어에 능통하면 어딜 가도 우쭐댈 수 있겠다 싶었다. 그런데 영어 공부는 하면 할수록 시들해졌고 길어야 한 달을 넘기질 못했다. 안 그래도 좁은 신혼집을 영어 교재가 점거하면서, 영어는 꿈이 아니라 처치 곤란한 짐이 되어갔다. 나는 끊임없이 배우지 않으면 동상처럼 몸이 굳고 피가 마를 것 같았다. 재테크, 경매, 부동산. 사람이 득실거리는 분야라면 덩달아 발을 담갔고 그러다 뺐다. 여기저기 쑤시며 공부했지만 깊게 파고들진 못하고 겉돌았다.

그러다 오십이 넘어 셔플댄스를 만났다. 아무도 안 춘다는 구닥다리 춤에 금세 빠져들었다. 돈도 안 되고 알아주는 사람도 없는데, 전신을 흔들고 스텝을 밟지 않고서는 몸이 뜨거워

견딜 수가 없었다. 땀을 뻘뻘 흘리며 헉헉댔지만, 마음은 훨훨 하늘로 비상하듯이 구름 위에서 뛰어놀 듯이 황홀했다. 이거구나! 드디어 찾았다! 나는 멈추지 않고 직진했다. 일 년 내내 퇴근 후 연습에 매달릴 정도로 나를 달구었다. 삶을 전진하며 '나'를 찾아갔다. 셔플언니로 댄싱 다연으로, 그리고 춤추는 동기부여가로.

어느 크리스마스 이브였다. 이불 속에 몸을 파묻고 성탄절 영화나 볼까 하다가 창밖을 내다봤다. 밤새 눈이 펑펑 내려 바깥은 순백의 동화 나라 같았다. 눈 위에서 발을 구르고 뛰어다니고 싶은 마음에 빨간 털모자를 쓰고 저벅저벅 언덕으로 올라갔다. 새하얀 대지와 하늘이 맞닿은 풍경이 사방에 펼쳐지고, 나는 언덕 한가운데서 춤을 추었다. 모자에 달린 방울을 달랑달랑 흔들며 스키를 타듯 신나게 스텝을 밀고 나아갔다. 그 모습을 영상에 담아 성탄절 인사와 함께 남겼다.

57세의 화이트 크리스마스
늘 혼자 연습했을 뿐인데, 우리의 일상이 '함께' 달라졌다는 사실이 놀라워요.
참 우습게 시작했던 그날들이 여러분을 신나고 설레게 한다니 행복하네요.

우리 춤추듯 살아요. 메리 크리스마스!

 같은 날, 성은이라는 한 여성은 수술 대기실에서 보호자로 열 시간째 대기하고 있었다. '살아서 뭐하나, 차라리 죽는 게 낫지'. 그녀는 '자살'이란 단어를 아무렇지 않게 떠올렸다. 숨 쉬는 것조차 고통스러운 날이었다. 그녀 나이 열일곱, 아버지는 사업 실패로 사라졌고 성은은 그때부터 소녀 가장이 되었다. 그러다 결혼을 했다. 일 년에 제사만 열 번을 치르고 육남매 막내 며느리로 집안 대소사에 시달려야 했다. 그래도 이를 악물고 야무진 며느리로, 당찬 사업가로 자신을 밀어붙여 왔는데, 삶은 적군처럼 성은을 벼랑 끝으로 점점 내몰았다. 남편이 위암 3기를 선고받는가 하면, 사업이 와르르 붕괴했다. 무너지기 일보 직전의 삶을 간신히 붙들고 살아야 했다.

 세월이 흘러 성은은 쉰을 훌쩍 넘었고, 어느 날 병원에서 전화 한 통을 받았다. 삼십여 년 전 사라진 아버지! 그가 성은을 찾는다고 했다. 아버지가 대형 음주사고를 냈고 응급 수술을 받아야 한다는 비보에 성은은 미쳐 버릴 것 같았다. 십 톤 트럭 밑에 깔려 버린 듯한 고통에 더는 버틸 수 없었다. 내가 죽는 게 낫겠다. 어떻게 죽을까? 뛰어내릴까? 약을 먹을까? 수술 대기실에서 죽는 방법을 찾다가 텅 빈 시간이 흘러갔다. 성은은 무료함에 휴대 전화를 뒤적이다가 동갑내기 여자가 눈밭에서 춤추는 영상을 보았다.

어스름이 몰려오는 겨울 저녁, 언덕 위에서 혼자 춤추는 여인이라. 성은은 사는 게 적막한 노인이 뛰노는 아이들 구경하듯이 그녀를 바라봤다. 뭐가 저리 신날까? 춤추는 그녀가 햇살처럼 해맑아서 성은은 영상을 멍하니 보고 또 봤다. 얼음장 같던 마음이 조금씩 녹아들었다. 그날 이후 성은은 그녀의 영상을 줄곧 찾아보았다. 설거지 더미에 푸념하다가, 젖은 빨래처럼 축 처져 있다가 팔랑팔랑 몸을 흔드는 모습을 보는데, 피식 웃음이 났다. 그녀의 춤보다도 그녀가 춤추듯 흥겹게 사는 모습이 성은에게 뭔지 모를 기운을 일으켰다.

'죽어볼까?' 하던 그녀에게서 '춤춰볼까?' 하는 의욕이 기포처럼 일었다. 성은은 셔플을 배우기 시작했고 나에게 말했다.

"그 영상 덕분에 제가 살았어요."

그녀가 죽고자 했던 건 삶에 재미가 들어올 틈바구니가 없었던 게 아니었을까? 늘 참았고 치열했고, 그렇게 꾹꾹 자신을 눌러둔 삶을 구제한 게 약물이 아니라 춤이었다니. 나로서는 믿기 어려웠다. 내 영상에는 인생을 바꾸게 할 만큼 어마어마한 감동은 없지 않은가? 춤이 심폐소생술도 아닌데 사람을 살린다니. 처음엔 그저 과장된 말이겠거니 싶었다. 그런데 과분한 말들이 끊이지 않고 들려왔다.

"춤을 추면서 접어두었던 펜션 사업을 다시 시작했어요."
"춤이 저를 구했습니다."

그 말들을 듣고 곱씹을수록 알게 되었다. 그녀들은 영상 속 댄싱 다연에게서 잃어버린 자신을 보았다. 나도 흥겹게 살고 싶은데, 도전하고 싶은데…. '하고 싶다'는 욕구가 올라온다는 건 삶을 잘 가꾸려는 의지가 한 올이라도 돋아났다는 얘기다. 한 올의 의지. 그걸 붙잡은 이들과 함께 춤추고 있다는 사실이 어찌나 감사한지. 나는 댄싱 다연이 되길 잘했다는 생각에 코끝이 찡했다. 그래 바보같이 무모하길 잘했다….

그저 춤이 좋아 시작했는데, 어느덧 나는 춤을 통해 중년에게 용기와 희망을 전하는 메신저가 되어가고 있었다. '나'다운 방향으로 인생 스텝을 밟아가도록, 그래서 인생이 한편의 춤처럼 신명나게 흘러가도록 돕는 사람, 그게 '나'였다. 그렇게 살아갈 때, 나는 가장 설레고 뿌듯했으며 삶이 풍요로웠다.

춤추는 동기부여가로 살아가면서 나의 버킷리스트는 차츰

변해갔다. 예전처럼 물질을 채우는 것도 중요하지만, 돈에 저당잡혀 살지는 않는다. 그보다도 나를 가꾸고 채우며 풍요롭게 사는 삶을 그리며 나아간다.

'쉰여덟 살 고다연의 버킷리스트'

세계 랜드마크에서 셔플댄스 추기
전 세계를 무대로 강연을 하고 셔플 오십스 공연하기
나이키 시니어 모델 되기
세상의 아이들에게 필요한 민들레 홀씨 되기
.....

나이아가라 폭포에서, 안나푸르나의 설산 정상에서, 나는 크롭티에 복근을 훤히 드러내면서 전 세계 중년에게 우리도 할 수 있다는 메시지를 전하고 싶다. (나이아가라 폭포 앞에서 춤추는 건 실제로 이루어졌다!) '나이는 숫자에 불과하다'는 말이 진부하지 않도록, 누군가를 흔들도록 내가 살아 있는 증거가 되고 싶다.
  요즘 나는 주문을 읊조리며 살아간다.
  '나이키 시니어 모델이 되어서 감사합니다.'

저스트 두 잇! (Just do it!) 일단 해 봐! 나이키의 슬로건대로 살아온 댄싱 다연은 나이키의 모델이 되고 싶다. (대표 모델은 어렵더라도 나이 대비 신체 조건으로 볼 때 '시니어' 모델은 가능하지 않겠나.) 광고 콘셉트도 다 구상해 놓았다. 나는 브라탑과 가죽바지 차림으로 컴컴한 무대 위에 혼자 서 있다. 스포트라이트에 실루엣을 드러낸 채 춤추기 시작한다. 그러다 다리가 옆으로 미끄러지는 글라이드 동작을 즐긴다. (미끄러지기만 하면 재미가 없다. 극적인 전환이 필요하니 근육을 탁탁 튕기며 팝핀까지 선보인다) 그러다 높게 점프하면서 순간 이동! 다음 컷에서 나는 높은 산 꼭대기 베이스 캠프에서 복근을 드러내며 셔플을 춘다. 카메라가 내 얼굴을 보는 순간 턱을 치켜들며 말한다.

"쟈스트 두 잇!"

불타는 고구마

골목대장

물리 치료사

전라도 촌년

셔플언니

댄싱 다연

춤추는 동기부여가

이 책에서 나를 지칭하는 말들이다. 어린 시절에는 생김새나 직업, 고향으로 '나'를 표현했지만, 엄밀히 말하면 그건 '나'가 아니었다. 어쩌다 까무잡잡한 피부에 자그마한 체구로 태어났고 전라도에서 자랐으며, 취업이 잘 된다기에 물리 치료사라는 직업을 택했을 뿐이었다. '나'로 살았다기보다 주어진 환경에 맞춰 살아왔다.

 내 나이 오십에 접어들어서야 나는 완장을 뗀 '나'를 만났다. 무언가를 '해야 하는 나'에서 '하고 싶은 나'로 인생에 커브를 틀었고, 전혀 예상치 못한 길을 달려가고 있다. 일터는 어디, 월급은 얼마, 일하는 시간은 몇 시, 은퇴는 몇 년 뒤. 짜인 각본 없이 내가 원하는 대로 인생이라는 무대를 누비며 삶을 신명나게 지휘하고 있다. 58세, 내 삶의 온도는 어느 때보다 뜨겁다. 내가 원하는 시간에 온 힘을 다해 하고픈 일에 매진하기 때문이다.

 이 책에 자신의 이야기를 후하게 나눠주신 박봉화, 김덕순, 유지항, 염성은 님께 감사드린다. 또한 잊을 수 없는 얼굴 가운데에는 김윤희 님이 계시다. 늘 환한 얼굴로 셔플을 추는 그녀는 이따금 검진을 간다며 수업에서 사라지곤 했다. 그러나 얼마 지나 평온한 얼굴로 수업에 나타나 열정을 쏟아부었다.

그러한 상황이 반복되어 대수롭지 않게 여겼는데, 사실 그녀는 몇 년에 걸쳐 전이된 암과의 투병을 겪으면서도 누구보다 가슴 뛰는 삶을 전하는, 진정한 65세 희망 셔플러이다. 눈뜨면 숨 쉬는 하루가 있고, 셔플을 출 수 있다는 게 얼마나 큰 축복인지 그녀를 통해 배운다.

많은 응원과 도움이 있었기에 이 책을 마칠 수 있었다. 춤바람 난 아내 때문에 주부습진이 생긴 사랑하는 남편에게, 엄마의 꿈을 든든하게 지지하는 딸과 아들에게 고맙고, 사랑한다고 전하고 싶다. 그리고 책을 쓰게 해주신 〈책과강연〉 이정훈, 김태한 대표님께 감사드린다.

마지막으로 나의 소중한 제자이자 동반자이고 인생의 스승이신, 모든 쉘위셔플러에게 마음을 모아 감사드린다.

겨울밤, 전북 군산에서
댄싱 다연

쉘위셔플

초판 4쇄 발행일 | 2025년 3월 30일

지은이	댄싱 다연
발행인	김태한 외 1명
펴낸이	책과강연
총괄기획	이정훈
도서제작기획	김태한
책임편집	인생첫책
디자인	가혜순

주소	서울시 퇴계로26길 15 남학빌딩 B1
전화	02-6243-7000
블로그	blog.naver.com/writingin180days
인스타그램	@writing_in_180_days
유튜브	책과강연
카카오톡	writing180
출판등록	2017년 7월 2일 제2017-000211호

ISBN	979-11-989982-5-5 (03330)

* 책 가격은 뒤표지에 있습니다.
* 파본은 구입하신 서점에서 교환해 드립니다.
* 저자와 협의 하에 인지를 생략합니다.

실행하는 지금이 실현하는 순간입니다.
[책과강연]에서는 여러분들의 원고를 기다리고 있습니다.
원고 투고 및 의견은 writingin180days@naver.com으로 보내주세요.
함께 만들어 갑니다.

'내 책을 서점에서 만나는 기적'